Konflikte verstehen und lösen:

Ein Leitfaden zum systemischen Gewaltschutztraining

Impressum

Bibliografische Information der Deutschen Nationalbibliothek: Die Deutsche Nationalbibliothek verzeichnet diese Publikation in der Deutschen Nationalbibliografie; detaillierte bibliografische Daten sind im Internet über dnb.dnb.de abrufbar.

Die automatisierte Analyse des Werkes, um daraus Informationen insbesondere über Muster, Trends und Korrelationen gemäß §44b UrhG („Text und Data Mining") zu gewinnen, ist untersagt.

© 2025 Bianca Weyand

Verlag: BoD · Books on Demand GmbH, In de Tarpen 42, 22848 Norderstedt, bod@bod.de

Druck: Libri Plureos GmbH, Friedensallee 273, 22763 Hamburg

ISBN: 978-3-7693-5289-4

Inhaltsverzeichnis

Einleitung

- Ziel und Zweck des Buches
- Relevanz des Gewaltschutztrainings in verschiedenen Kontexten
- Überblick über die Struktur und Inhalte des Buches

Kapitel 1: Grundlagen des Gewaltschutzes

- Definition von Gewalt
- Verschiedene Formen von Gewalt
- Gewalt im sozialen System
- Konflikt vs. Aggression

Kapitel 2: Gewaltmanagement

- Gewaltmanagement-Strategien
- Die Rolle von Erziehungsstilen

Kapitel 3: Konfrontative Arbeit

- Grundsätze der konfrontativen Arbeit
- Ziele der konfrontativen Arbeit
- Methoden und Inhalte

- Intervention bei Mobbing

Kapitel 10: Deeskalationstechniken

- Eskalationsstufen und Schutzebenen
- Kommunikationsstrategien in der Deeskalation
- Rollenspiel und praktische Übungen zur Deeskalation

Kapitel 11: Praktische Anwendung des Trainings

- Durchführung des Trainings
- Planung und Organisation
- Umgang mit schwierigen Teilnehmern
- Interkulturelle Aspekte im Training
- Zusammenarbeit mit Schulen und Institutionen

Kapitel 12: Berufliche Perspektiven

- Freiberuflichkeit im Bereich Gewaltschutztraining
- Sichtbarkeit und Werbung
- Netzwerke und Kooperationen

Anhang

- Glossar wichtiger Begriffe

- Literaturverzeichnis

- Danksagung

- Index

Einleitung

In einer zunehmend komplexen und herausfordernden Welt sind Themen wie Gewaltprävention und Konfliktbewältigung wichtiger denn je. Die Notwendigkeit, Menschen in der Entwicklung von Fähigkeiten zu unterstützen, die es ihnen ermöglichen, gewaltfreie Lösungen für Konflikte zu finden, ist eine grundlegende Voraussetzung für ein harmonisches Miteinander in unserer Gesellschaft. Dieses Buch widmet sich dem Gewaltschutztraining und den verschiedenen Facetten der Gewalt, die sowohl in sozialen als auch in institutionellen Kontexten auftreten können, wie beispielsweise in Schulen, der Jugendhilfe und am Arbeitsplatz.

Gewalt ist ein vielschichtiges Phänomen, das tief in sozialen Systemen verwurzelt ist und in unterschiedlichen Formen auftreten kann. Der Begriff Gewalt umfasst nicht nur physische Aggressionen, sondern auch psychische und verbale Übergriffe, die ebenso verheerend sein können. Daher ist es unerlässlich, ein umfassendes Verständnis für die verschiedenen Dimensionen von Gewalt zu entwickeln und geeignete Präventions- und Interventionsstrategien zu erarbeiten, um diesen Herausforderungen begegnen zu können.

Das vorliegende Buch hat sich zum Ziel gesetzt, die Grundlagen des Gewaltschutzes zu erläutern, relevante Konzepte und Methoden vorzustellen sowie die Relevanz von Gewaltschutztrainings in verschiedenen Kontexten zu beleuchten. Es richtet sich an Fachkräfte, die im Bereich der Gewaltprävention und Konfliktbewältigung tätig sind, sowie an alle, die sich für ein gewaltfreies Miteinander engagieren möchten.

Ziel und Zweck des Buches

Das Hauptziel dieses Buches ist es, den Lesern ein tiefgehendes Verständnis für die verschiedenen Aspekte von Gewalt und deren Auswirkungen auf Individuen und Gemeinschaften zu vermitteln. Darüber hinaus sollen die Leser befähigt werden, präventive Maßnahmen zu ergreifen und effektive Interventionen in gewaltsamen Situationen durchzuführen.

Der Zweck des Buches ist es, praxisnahe Methoden und Techniken des Gewaltschutztrainings vorzustellen, die sowohl auf individueller als auch auf sozialer Ebene angewendet werden können. Durch die Integration von theoretischem Wissen und praktischen Übungen sollen die Leser in die Lage versetzt werden, gewaltfreies Verhalten zu fördern und Konflikte auf respektvolle Weise zu lösen.

Relevanz des Gewaltschutztrainings in verschiedenen Kontexten

Die Relevanz von Gewaltschutztrainings erstreckt sich über eine Vielzahl von sozialen Kontexten. In Schulen sind sie entscheidend, um ein sicheres und unterstützendes Lernumfeld zu schaffen, das Mobbing und Gewalt vorbeugt. In der Jugendhilfe können diese Trainings dazu beitragen, junge Menschen in ihrer emotionalen und sozialen Entwicklung zu unterstützen und ihnen die Werkzeuge an die Hand zu geben, um Konflikte konstruktiv zu lösen. Auch am Arbeitsplatz spielt der Gewaltschutz eine wichtige Rolle, um ein respektvolles und kooperatives Arbeitsklima zu fördern und Mobbing oder Diskriminierung entgegenzuwirken.

Überblick über die Struktur und Inhalte des Buches

Das Buch gliedert sich in mehrere Kapitel, die verschiedene Aspekte des Gewaltschutztrainings abdecken.

- **Kapitel 1** behandelt die Grundlagen des Gewaltschutzes, einschließlich der Definition von Gewalt und den verschiedenen Formen, die sie annehmen kann.

- **Kapitel 2** widmet sich Strategien des Gewaltmanagements, darunter Prävention, Intervention und Nachsorge.

- **Kapitel 3** thematisiert die konfrontative Arbeit und deren Bedeutung für die Konfliktbewältigung.

- **Kapitel 4** erläutert die Rahmenbedingungen für das Training und die Notwendigkeit klarer Regeln und Konsequenzen.

- **Kapitel 5** fokussiert sich auf Präventions- und Interventionsstrategien, um Mobbing und Gewalt zu verhindern.

- **Kapitel 6** beleuchtet die Rolle des Trainers im Gewaltschutztraining und die erforderlichen Kompetenzen.

- **Kapitel 7** bietet eine Vielzahl von Methoden und Übungen, die in Trainings eingesetzt werden können.

- **Kapitel 8** behandelt systemische Techniken, die zur Förderung von Resilienz und Empathie beitragen.

- **Kapitel 9** widmet sich dem spezifischen Thema Mobbing und dessen Dynamik.

- **Kapitel 10** erörtert Deeskalationstechniken in Konfliktsituationen.

- **Kapitel 11** behandelt die praktische Anwendung des Trainings und die Herausforderungen, die dabei auftreten können.

- **Kapitel 12** beleuchtet die beruflichen Perspektiven im Bereich des systemischen Gewaltschutztrainings.

Durch die systematische Erarbeitung dieser Themen soll den Lesern ein umfassendes Werkzeugset an die Hand gegeben werden, das sie in ihrer täglichen Arbeit im Bereich Gewaltschutz und Konfliktbewältigung einsetzen können.

Kapitel 1: Grundlagen des Gewaltschutzes

Definition von Gewalt

Gewalt ist ein vielschichtiges Phänomen, das in verschiedenen Kontexten unterschiedliche Bedeutungen annehmen kann. Im Allgemeinen wird Gewalt als Handlung verstanden, die darauf abzielt, einer anderen Person körperlichen oder psychischen Schaden zuzufügen. Die Weltgesundheitsorganisation (WHO) definiert Gewalt als „die absichtliche Anwendung von physischer Kraft oder Macht, angedroht oder tatsächlich, gegen sich selbst, gegen eine andere Person oder gegen eine Gruppe oder Gemeinschaft, die zu Verletzungen, Tod, psychischen Schäden, missbräuchlichem Verhalten oder Deprivation führen kann."

Verschiedene Formen von Gewalt

Gewalt kann in verschiedene Kategorien unterteilt werden, die jeweils spezifische Merkmale und Auswirkungen auf die betroffenen Personen haben. Diese Kategorien sind wichtig, um die unterschiedlichen Dimensionen von Gewalt zu verstehen und geeignete Interventions- und Präventionsmaßnahmen zu entwickeln.

Physische Gewalt

Physische Gewalt bezieht sich auf den gezielten Einsatz von körperlicher Kraft, um einer Person Schaden zuzufügen oder sie zu verletzen. Diese Form der Gewalt kann in vielen unterschiedlichen Situationen auftreten, sei es im häuslichen Umfeld, in Schulen, am Arbeitsplatz oder in öffentlichen Räumen. Zu den häufigsten Formen physischer Gewalt zählen:

- **Schläge:** Diese können mit den Händen, Fäusten oder anderen Körperteilen ausgeführt werden und sind oft die sichtbarsten Formen physischer Gewalt. Schläge können zu akuten Verletzungen wie Prellungen, Platzwunden oder sogar schweren Traumata führen.

- **Tritte:** Ähnlich wie Schläge sind Tritte eine aggressive Handlung, die erhebliche körperliche Schäden verursachen kann. Sie können sowohl gegen den Oberkörper als auch gegen den Kopf gerichtet sein und in einigen Fällen zu Knochenbrüchen oder inneren Verletzungen führen.

- **Stöße:** Diese Form der Gewalt beinhaltet das Anstoßen oder Drängen einer Person, was ebenfalls zu Verletzungen führen kann, insbesondere wenn die betroffene Person stürzt oder gegen einen festen Gegenstand prallt.

Physische Gewalt zeichnet sich durch ihre Sichtbarkeit aus; die physischen Verletzungen sind oft klar erkennbar und können leicht dokumentiert werden. Diese Form der Gewalt ist häufig die am weitesten verbreitete und am häufigsten wahrgenommene, da sie oft in den Medien thematisiert wird. Dennoch ist sie nicht die einzige Form von Gewalt und kann in vielen Fällen mit anderen Formen von Gewalt, wie psychischer oder verbaler Gewalt, einhergehen.

Psychische Gewalt

Psychische Gewalt umfasst Handlungen, die das emotionale und psychologische Wohlbefinden einer Person beeinträchtigen, ohne dass es zu physischen Verletzungen kommt. Diese Form der Gewalt ist oft subtiler und schwerer zu erkennen, kann aber ebenso verheerende Auswirkungen auf die betroffenen Personen haben. Zu den typischen Merkmalen psychischer Gewalt gehören:

- **Drohungen:** Drohungen können in verschiedenen Formen auftreten, sei es verbal oder durch Andeutungen. Sie schaffen ein

Klima der Angst und Unsicherheit, dass die Lebensqualität der Betroffenen erheblich beeinträchtigen kann.

- **Einschüchterungen:** Diese können sowohl direkt als auch indirekt erfolgen und zielen darauf ab, die Kontrolle über eine Person auszuüben. Einschüchterung kann durch körperliche Präsenz, Gesten oder auch durch das Verbreiten von Gerüchten geschehen.

- **Manipulation:** Manipulative Taktiken, wie emotionale Erpressung oder Schuldzuweisungen, können das Selbstwertgefühl der Betroffenen untergraben und zu einem Gefühl der Hilflosigkeit führen.

- **Mobbing:** Diese Form von psychischer Gewalt tritt häufig in Schulen oder am Arbeitsplatz auf und kann systematisches Schikanieren, Ausgrenzung oder Stigmatisierung umfassen. Mobbing kann zu ernsthaften psychischen Problemen wie Angstzuständen, Depressionen oder posttraumatischen Belastungsstörungen führen.

Psychische Gewalt kann langfristige Auswirkungen auf die psychische Gesundheit der Betroffenen haben, die oft nicht sofort sichtbar sind. Sie kann das

Vertrauen in andere Menschen untergraben und zu einem anhaltenden Gefühl von Scham und Schuld führen. Die betroffenen Personen können Schwierigkeiten haben, gesunde Beziehungen aufzubauen oder aufrechtzuerhalten, und sind oft mit einem tiefen Gefühl der Isolation konfrontiert.

Verbale Gewalt

Verbale Gewalt äußert sich in der Verwendung von verletzenden, erniedrigenden oder bedrohlichen Worten. Diese Form der Gewalt kann in verschiedenen Kontexten auftreten, sei es in persönlichen Beziehungen, am Arbeitsplatz, in Schulen oder in öffentlichen Situationen. Zu den häufigsten Ausdrucksformen verbaler Gewalt gehören:

- **Schimpfwörter:** Die Verwendung von beleidigenden Ausdrücken oder vulgärer Sprache kann das Selbstwertgefühl der betroffenen Person erheblich beeinträchtigen und zu einem Gefühl der Entwertung führen.

- **Beleidigungen:** Beleidigende Bemerkungen, die darauf abzielen, die Würde und den Wert einer Person herabzusetzen, können sowohl kurzfristige als auch langfristige psychische Schäden verursachen.

- **Beschimpfungen:** Diese Form der verbalen Gewalt beinhaltet oft wütende oder aggressive Worte, die darauf abzielen, die andere Person zu verletzen oder herabzusetzen.

- **Herabwürdigende Bemerkungen:** Diese können subtil sein und beinhalten oft abwertende Kommentare über das Aussehen, die Fähigkeiten oder die persönlichen Eigenschaften einer Person.

Verbale Gewalt kann sowohl offen als auch heimtückisch sein und ist häufig schwer zu dokumentieren, da sie keine physischen Spuren hinterlässt. Dennoch kann sie tiefgreifende psychische und emotionale Schäden verursachen, die das Selbstbild und die zwischenmenschlichen Beziehungen der betroffenen Personen nachhaltig beeinträchtigen. In vielen Fällen kann verbale Gewalt auch mit anderen Formen der Gewalt, wie physischer oder psychischer Gewalt, kombiniert werden und so die Auswirkungen auf die Betroffenen verstärken.

Die verschiedenen Formen von Gewalt – physische, psychische und verbale Gewalt – sind miteinander verknüpft und können in unterschiedlichen Kombinationen auftreten. Es ist entscheidend, diese

Formen von Gewalt zu erkennen und zu verstehen, um angemessene Strategien zur Prävention und Intervention entwickeln zu können. Die Auswirkungen von Gewalt sind vielschichtig und können sowohl kurzfristige als auch langfristige Folgen für das Wohlbefinden und die Lebensqualität der Betroffenen haben. Ein umfassendes Verständnis von Gewalt in ihren unterschiedlichen Erscheinungsformen ist daher unerlässlich für die Förderung eines gewaltfreien und respektvollen Miteinanders in unseren Gesellschaften.

Gewalt im sozialen System

Gewalt ist nicht nur ein individuelles Verhalten, das aus persönlichen Entscheidungen oder Emotionen resultiert, sondern stellt auch ein tief verwurzeltes gesellschaftliches Phänomen dar. In sozialen Systemen wie Familien, Schulen, Arbeitsplätzen oder Gemeinschaften manifestiert sich Gewalt oft als Resultat von strukturellen Ungleichheiten, unterschiedlichen Machtverhältnissen und den vorherrschenden sozialen Normen. Diese Systeme sind komplexe Gefüge, in denen Individuen miteinander interagieren und in denen die Dynamik zwischen den Akteuren entscheidend für das Auftreten von Gewalt sein kann.

Systemische Perspektiven auf Gewalt

Die systemische Perspektive bietet einen umfassenden Rahmen zur Analyse von Gewalt, indem sie diese nicht als isoliertes Ereignis betrachtet, sondern als Produkt von Wechselwirkungen innerhalb eines sozialen Systems. Diese Sichtweise legt nahe, dass Gewalt immer im Kontext von Beziehungen, sozialen Normen und institutionellen Strukturen verstanden werden muss. Hier sind einige zentrale Aspekte dieser Perspektive, die helfen, die Komplexität von Gewalt im sozialen Kontext zu erfassen:

Macht und Kontrolle

Ein zentrales Element in der systemischen Analyse von Gewalt ist das Verständnis von Macht und Kontrolle. Gewalt kann als Mittel zur Ausübung von Macht über andere betrachtet werden, wobei die Dynamik von Hierarchien und Machtverhältnissen innerhalb eines sozialen Systems eine entscheidende Rolle spielt. In vielen sozialen Kontexten existieren klare Machtstrukturen, die oft zu einem Missbrauch von Macht führen können. Zum Beispiel können in einer Familie patriarchalische Strukturen dazu führen, dass männliche Mitglieder ihre Dominanz durch Gewalt gegenüber weiblichen Mitgliedern ausüben. In Schulen können Lehrer oder Schüler mit höherem sozialem Status ihre Machtposition nutzen, um Mitschüler zu schikanieren oder zu bedrohen. Diese Gewaltakte sind häufig nicht nur Ausdruck individueller Aggression, sondern auch das Ergebnis eines Systems, das solche Machtverhältnisse begünstigt oder toleriert.

Soziale Normen und Werte

Gesellschaftliche Werte und Normen spielen eine entscheidende Rolle in der Formung von Einstellungen und Verhaltensweisen in Bezug auf Gewalt. Sie beeinflussen, wie Gewalt in einer bestimmten Gesellschaft wahrgenommen wird, ob sie legitimiert oder abgelehnt wird und welche Maßnahmen ergriffen werden, um ihr entgegenzuwirken. Diese sozialen Konstrukte variieren stark zwischen verschiedenen Kulturen und Gesellschaften und tragen somit zur Komplexität des Phänomens Gewalt bei.

In verschiedenen Kulturen existieren unterschiedliche Auffassungen darüber, was als akzeptable Reaktion auf Konflikte gilt. In einigen Gesellschaften wird Gewalt möglicherweise als legitimes Mittel zur Durchsetzung von Ansprüchen oder zur Lösung von Problemen angesehen. Diese Akzeptanz kann tief in der Geschichte und den Traditionen einer Kultur verwurzelt sein. Beispielsweise könnte in bestimmten

Gemeinschaften die Anwendung von körperlicher Gewalt als ein aktiver Ausdruck von Männlichkeit oder Stärke angesehen werden. In solchen Kontexten wird Gewalt nicht nur toleriert, sondern sogar als notwendiger Bestandteil des sozialen Lebens betrachtet.

Ein Beispiel hierfür ist die Praxis der körperlichen Züchtigung von Kindern in einigen Familien, wo dies als "erzieherische Maßnahme" legitimiert wird. In solchen Fällen wird oft argumentiert, dass körperliche Bestrafung notwendig sei, um Disziplin zu fördern und unerwünschtes Verhalten zu korrigieren. Trotz der potenziellen physischen und psychologischen Schäden, die solche Praktiken verursachen können, wird die Gewalt als Teil eines "normalen" Erziehungsstils angesehen. Diese Sichtweise kann durch kulturelle Narrative, historische Bezüge und gesellschaftliche Traditionen gefördert werden, die Gewalt in einem positiven Licht erscheinen lassen.

In anderen Kulturen hingegen wird Gewalt als inakzeptabel erachtet, und es gibt starke soziale Normen, die gewaltfreies Verhalten fördern. Gesellschaften, die auf den Prinzipien von Gleichheit, Respekt und gewaltfreier Konfliktlösung basieren, entwickeln oft umfassende Programme zur Konfliktbewältigung, die auf Dialog und Mediation setzen, anstatt auf Gewalt. In solchen Kulturen wird der Einsatz von Gewalt nicht nur sozial geächtet, sondern auch rechtlich sanktioniert. Die gesellschaftlichen Normen in diesen Kontexten fördern ein Bewusstsein für die schädlichen Folgen von Gewalt und ermutigen die Menschen, gewaltfreie Alternativen zu finden.

Beispiele für solche gewaltfreien Ansätze finden sich in vielen modernen Gesellschaften, wo Initiativen zur Gewaltprävention, Aufklärungsprogramme und Unterstützungssysteme für Opfer von Gewalt etabliert sind. Diese Normen prägen das Verhalten von Individuen und Gruppen und können entscheidend zur Verhinderung von Gewalt beitragen. In Gemeinschaften, in denen gewaltfreies Verhalten hochgeschätzt wird, sind die Menschen oft besser in der Lage, Konflikte ohne den Einsatz von Gewalt zu lösen, was zu einem harmonischeren Zusammenleben führt.

Die **sozialen Normen und Werte einer Gesellschaft** haben einen direkten Einfluss auf das Verhalten von Individuen. Wenn Gewalt als akzeptables Mittel zur Konfliktlösung betrachtet wird, kann dies dazu führen, dass Menschen eher geneigt sind, zu gewalttätigen Mitteln zu greifen, wenn sie sich in Konfliktsituationen befinden. Umgekehrt können starke soziale Normen, die Gewalt ablehnen, dazu beitragen, dass sich Individuen in schwierigen Situationen zurückhalten und gewaltfreie Lösungen suchen.

Darüber hinaus können diese Normen auch Auswirkungen auf das Verhalten von Gruppen haben. In Gemeinschaften, in denen Gewalt als sozial akzeptabel gilt, können sich Gruppen bilden, die diese Normen verstärken und gewalttätiges Verhalten legitimieren. Dies kann zu einem Teufelskreis führen, in dem Gewalt nicht nur toleriert, sondern aktiv gefördert wird. Umgekehrt können Gruppen, die sich für gewaltfreies Verhalten einsetzen, positive Beispiele setzen und als Vorbilder dienen, was wiederum das Verhalten anderer beeinflussen kann.

Zusammenfassend lässt sich sagen, dass gesellschaftliche Werte und Normen eine zentrale Rolle dabei spielen, wie Gewalt in einer Gesellschaft wahrgenommen, legitimiert oder abgelehnt wird. Die unterschiedlichen Auffassungen über Gewalt und Konfliktbewältigung in verschiedenen Kulturen haben weitreichende Konsequenzen für das individuelle und kollektive Verhalten. Um Gewalt effektiv zu bekämpfen und zu verhindern, ist es notwendig, die zugrunde liegenden sozialen Normen zu hinterfragen und gegebenenfalls zu verändern, sodass gewaltfreies

Verhalten zur Regel wird und gewalttätige Praktiken in den Hintergrund gedrängt werden.

Interaktionen zwischen Individuen

Die systemische Perspektive hebt die Bedeutung von Interaktionen zwischen Individuen hervor und betrachtet sie als einen entscheidenden Faktor für das Entstehen von Gewalt. Diese Interaktionen sind nicht isoliert zu betrachten, sondern sind das Ergebnis eines komplexen Zusammenspiels von individuellen, sozialen und kulturellen Faktoren. Wenn Konflikte, die zwischen Menschen entstehen, nicht konstruktiv gelöst werden, besteht die Gefahr, dass sie eskalieren und in Aggression oder Gewalt umschlagen.

Konflikte sind ein natürlicher Bestandteil zwischenmenschlicher Beziehungen. Sie können aus unterschiedlichen Quellen resultieren, wie Meinungsverschiedenheiten, Missverständnissen oder unterschiedlichen Bedürfnissen. Wenn jedoch diese Konflikte nicht offen angesprochen oder auf positive Weise gelöst werden, können sie sich leicht zuspitzen. Die Eskalation erfolgt häufig in mehreren Phasen: Zunächst gibt es eine **emotionale Reaktion**, die sich in Frustration oder Wut äußern kann. Wenn diese Emotionen nicht reguliert werden, kann es zu hitzigen Auseinandersetzungen kommen, die in verbale oder sogar körperliche Aggression münden.

Die Art und Weise, wie Menschen in Konfliktsituationen miteinander interagieren, wird stark von ihren vorherigen Erfahrungen, ihren individuellen Bewältigungsmechanismen und ihrem sozialen Umfeld beeinflusst. Menschen, die beispielsweise in einem Umfeld aufgewachsen sind, in dem Aggression als normale Reaktion auf Konflikte betrachtet wird, haben möglicherweise gelernt, Konflikte mit Gewalt zu lösen. Dies kann dazu führen, dass sie in stressigen Situationen eher zu aggressivem Verhalten neigen.

Einflussfaktoren auf Interaktionen

Die Interaktionen zwischen Individuen sind auch von verschiedenen Einflussfaktoren geprägt. Stress ist ein wesentlicher Faktor, der das Verhalten von Menschen beeinflussen kann. In einem stressbeladenen Umfeld, in dem Individuen unter erheblichem Druck stehen— sei es durch berufliche Anforderungen, persönliche Probleme oder gesellschaftliche Herausforderungen—kann die Wahrscheinlichkeit steigen, dass Konflikte gewaltsam ausgetragen werden. Stress kann die Fähigkeit zur Selbstregulation beeinträchtigen und impulsives Verhalten begünstigen, was zu einer erhöhten Aggressivität führen kann.

Ein weiterer wichtiger **Einflussfaktor ist Trauma**. Menschen, die in der Vergangenheit traumatische Erfahrungen gemacht haben, können ein erhöhtes Risiko für gewalttätiges Verhalten aufweisen. Trauma kann das emotionale und soziale Verhalten einer Person nachhaltig beeinflussen und zu einer verzerrten Wahrnehmung von Konflikten führen. In solchen Fällen kann es schwierig sein, rationale Entscheidungen zu treffen oder Konflikte auf konstruktive Weise zu lösen, was die Wahrscheinlichkeit von Gewalt erhöht.

Soziale Isolation ist ein weiterer kritischer Faktor, der die Interaktionen zwischen Individuen beeinflussen kann. Menschen, die sich isoliert fühlen oder keine sozialen Bindungen haben, sind anfälliger für aggressive Verhaltensweisen. Das Fehlen von Unterstützungssystemen kann dazu führen, dass Individuen sich in Konfliktsituationen allein und überfordert fühlen, was die Wahrscheinlichkeit von Gewalt erhöht. Soziale Isolation kann auch den Zugang zu positiven Vorbildern und Ressourcen, die für eine konstruktive Konfliktlösung notwendig sind, einschränken.

Die **soziale Unterstützung** spielt eine entscheidende Rolle bei der Regulierung von Konflikten und der Verhinderung von Gewalt. In Gemeinschaften, in denen soziale Bindungen stark sind und Unterstützungssysteme existieren—wie Freundschaften, familiäre Netzwerke oder Nachbarschaftshilfe—können Individuen auf Ressourcen zurückgreifen, die ihnen helfen, Konflikte auf gesunde Weise zu bewältigen. Diese sozialen Bindungen bieten nicht nur emotionale Unterstützung, sondern auch praktische Hilfe und Perspektiven, die es den Menschen erleichtern, Konflikte zu lösen, bevor sie eskalieren.

Darüber hinaus fördert eine starke Gemeinschaft die Entwicklung von sozialen Normen, die gewaltfreies Verhalten unterstützen. In solchen Umfeldern wird Konfliktbewältigung durch Dialog und Verhandlung gefördert, was die Wahrscheinlichkeit verringert, dass Auseinandersetzungen in Gewalt umschlagen. Gemeinschaften, die auf Zusammenarbeit und gegenseitiger Unterstützung basieren, schaffen ein Klima des Vertrauens, das es den Menschen erleichtert, ihre Probleme offen zu kommunizieren und gemeinsam Lösungen zu finden.

Insgesamt zeigen die Interaktionen zwischen Individuen, dass Gewalt oft das Ergebnis unzureichender Konfliktbewältigung ist, die durch verschiedene externe und interne Faktoren beeinflusst wird. Stress, Trauma, soziale Isolation und das Fehlen von Unterstützungssystemen können die Wahrscheinlichkeit erhöhen, dass Konflikte in Gewalt umschlagen. Um dem entgegenzuwirken, ist es entscheidend, soziale Bindungen zu stärken und Ressourcen zur Konfliktbewältigung bereitzustellen, um eine gewaltfreie und konstruktive Interaktion zwischen Individuen zu fördern.

Insgesamt zeigt die systemische Perspektive auf Gewalt, dass sie ein komplexes Phänomen ist, das aus einem Zusammenspiel von individuellen, sozialen und kulturellen Faktoren resultiert. Um Gewalt effektiv zu bekämpfen und zu verhindern, ist es unerlässlich, die zugrunde liegenden Strukturen und Normen zu verstehen, die gewalttätiges Verhalten begünstigen oder verhindern. Dies erfordert einen interdisziplinären Ansatz, der Psychologie, Soziologie, Anthropologie und andere Fachrichtungen einbezieht, um die Ursachen von Gewalt in sozialen Systemen ganzheitlich zu erfassen und nachhaltige Lösungen zu entwickeln.

Konflikt vs. Aggression

Unterschiede und Zusammenhänge zwischen Konflikten und aggressivem Verhalten

Konflikte und Aggression sind zwei verwandte, aber unterschiedliche Konzepte, die in der Psychologie und Sozialwissenschaft eine zentrale Rolle spielen. Beide sind eng miteinander verknüpft, jedoch unterscheiden sie sich in ihrer Natur, ihren Ursachen und den Auswirkungen auf zwischenmenschliche Beziehungen. Um die Komplexität dieser Konzepte zu verstehen, ist es wichtig, die Definitionen und die Dynamik von Konflikten und Aggression näher zu betrachten.

Ein **Konflikt** entsteht, wenn zwei oder mehr Parteien unterschiedliche Interessen, Bedürfnisse oder Werte haben, die nicht miteinander vereinbar sind. Diese Divergenzen können in verschiedenen Kontexten auftreten, sei es in persönlichen Beziehungen, am Arbeitsplatz oder innerhalb von Gemeinschaften. Konflikte sind eine natürliche und unvermeidliche Erscheinung im menschlichen Zusammenleben. Sie sind Teil des sozialen Lebens und können sowohl positive als auch negative Auswirkungen haben.

Konflikte können konstruktiv oder destruktiv sein. **Konstruktive Konflikte** bieten die Möglichkeit, unterschiedliche Perspektiven zu beleuchten und zu einem tieferen Verständnis der eigenen und der Sichtweisen anderer zu gelangen. Sie können zu Wachstum, Entwicklung und Innovation führen, wenn sie durch offene Kommunikation, Empathie und Zusammenarbeit angegangen werden.

Destruktive Konflikte hingegen können zu Spannungen, Missverständnissen und langfristigen Schäden in Beziehungen führen, wenn sie nicht angemessen gelöst werden.

Aggression hingegen bezieht sich auf Verhaltensweisen, die darauf abzielen, einer anderen Person oder Gruppe Schaden zuzufügen. Diese Schädigung kann wie zu Beginn des Kapitels bereits erläutert physischer, verbaler oder psychologischer Natur sein. Aggression kann als eine extreme Form des Konflikts betrachtet werden, die häufig aus einem ungelösten Konflikt oder aus einer eskalierenden Auseinandersetzung resultiert. Während Konflikte Raum für Diskussion und Verhandlung lassen, ist Aggression in der Regel durch impulsives Verhalten und den Wunsch nach Kontrolle oder Dominanz gekennzeichnet.

Aggression kann verschiedene Formen annehmen, darunter direkte physische Angriffe, verbale Angriffe, Mobbing oder subtile Manipulation. Sie ist oft eine reaktive Antwort auf einen wahrgenommenen Konflikt oder eine Bedrohung und kann aus Emotionen wie Frustration, Angst oder Wut hervorgehen. Aggressives Verhalten führt in der Regel zu negativen Konsequenzen, sowohl für die Person, die aggressiv handelt, als auch für das Opfer und das soziale Umfeld.

Unterschiede zwischen Konflikten und Aggression

Konflikte sind unvermeidlich und ein normaler Bestandteil menschlicher Interaktionen. Sie entstehen, wenn unterschiedliche Meinungen, Bedürfnisse oder Werte aufeinandertreffen. Konflikte sind nicht per se schlecht; sie können produktiv sein, wenn sie konstruktiv gelöst werden. In vielen Fällen führen Konflikte zur Klärung von Missverständnissen und zur Verbesserung von Beziehungen. Durch die Auseinandersetzung mit Konflikten können Individuen auch persönliche und soziale Fähigkeiten entwickeln, die für das Leben von Nutzen sind.

Aggression hingegen ist oft eine reaktive Antwort auf einen wahrgenommenen Konflikt oder eine Bedrohung. Während Konflikte Raum für Dialog lassen, ist Aggression häufig impulsiv und führt zu einer Eskalation der Situation. Aggression kann aus einer Vielzahl von Emotionen entstehen, darunter Frustration, Angst, Unsicherheit oder das Bedürfnis, die Kontrolle zurückzugewinnen. Diese reaktive Natur der Aggression führt in der Regel zu einer weiteren Verschärfung des Konflikts und kann schwerwiegende negative Folgen für alle Beteiligten haben.

Ein wesentlicher Unterschied zwischen Konflikten und Aggression liegt in der Art und Weise, wie sie angegangen werden können. Konstruktive Konfliktlösung erfordert Fähigkeiten wie Kommunikation, Empathie und Verhandlung. Diese Fähigkeiten ermöglichen es den Parteien, ihre Differenzen zu besprechen, die Perspektiven des anderen zu verstehen und nach gemeinsamen Lösungen zu suchen. Konstruktive Konfliktlösungsstrategien fördern ein positives Miteinander und können zu einer Stärkung der Beziehungen führen.

Im Gegensatz dazu ist aggressives Verhalten selten eine Lösung für Konflikte. Aggression führt oft zu einer weiteren Eskalation des Problems und kann das Vertrauen und die Beziehung zwischen den Beteiligten dauerhaft schädigen. Anstatt eine Lösung zu finden, schafft Aggression neue Konflikte und verstärkt bestehende Spannungen.

Zusammenhänge zwischen Konflikten und Aggression

Obwohl Konflikte und Aggression unterschiedliche Konzepte sind, besteht ein klarer Zusammenhang zwischen ihnen. Ein ungelöster oder schlecht behandelter Konflikt kann leicht in aggressives Verhalten umschlagen. Wenn Individuen das Gefühl haben, dass ihre Bedürfnisse oder Werte nicht gehört oder respektiert werden, kann dies zu Frustration und letztendlich zu aggressiven Reaktionen führen.

Darüber hinaus können bestimmte Umstände, wie Stress, Trauma oder ein Mangel an sozialen Ressourcen, die Wahrscheinlichkeit erhöhen, dass Konflikte in Aggression umschlagen. Menschen, die sich isoliert oder unter Druck gesetzt fühlen, sind oft weniger in der Lage, Konflikte konstruktiv zu lösen, was die Wahrscheinlichkeit von aggressivem Verhalten erhöht.

Zusammenfassend lässt sich sagen, dass Konflikte und Aggression zwar miteinander verbundene Konzepte sind, jedoch unterschiedliche Merkmale und Auswirkungen auf zwischenmenschliche Beziehungen aufweisen. Konflikte sind unvermeidlich und können produktiv sein, während Aggression in der

Regel eine destruktive und reaktive Antwort auf ungelöste Konflikte ist. Das Verständnis dieser Unterschiede und Zusammenhänge ist entscheidend, um effektive Strategien zur Konfliktlösung zu entwickeln und aggressive Verhaltensweisen zu minimieren. Indem Individuen lernen, Konflikte konstruktiv zu bearbeiten, können sie nicht nur ihre eigenen Beziehungen verbessern, sondern auch zu einem harmonischeren sozialen Umfeld beitragen.

Fazit

Gewalt ist ein komplexes Phänomen, das in unterschiedlichen Formen auftreten kann und tief in sozialen Systemen verwurzelt ist. Der systemische Ansatz zur Analyse von Gewalt ermöglicht ein besseres Verständnis der Wechselwirkungen, die zu gewalttätigem Verhalten führen können. Die Unterscheidung zwischen Konflikten und Aggression ist entscheidend für die Entwicklung von Strategien zur Konfliktlösung und zur Gewaltprävention. Indem wir die Dynamiken von Gewalt und Konflikten verstehen, können wir effektive Maßnahmen ergreifen, um ein gewaltfreies Miteinander zu fördern.

Kapitel 2: Gewaltmanagement

Gewaltmanagement ist ein wichtiger Bereich, der sich mit der Verhinderung, Intervention und Nachsorge von Gewalt und aggressivem Verhalten beschäftigt. In diesem Kapitel werden verschiedene Strategien des Gewaltmanagements vorgestellt, die auf Prävention, Intervention und Nachsorge abzielen. Zudem wird die Rolle von Erziehungsstilen untersucht und wie diese das Gewaltverhalten und die Konfliktlösungsfähigkeiten von Individuen beeinflussen können.

Gewaltmanagement-Strategien

1. Prävention

Präventionsstrategien im Gewaltmanagement sind von grundlegender Bedeutung, da sie darauf abzielen, das Auftreten von Gewalt und aggressivem Verhalten bereits im Vorfeld zu verhindern. Diese Strategien basieren auf der Erkenntnis, dass die Ursachen von Gewalt häufig tief verwurzelt sind und durch gezielte Maßnahmen in der Gesellschaft, in Bildungseinrichtungen und in den Familien angegangen werden können. Es gibt verschiedene Ansätze zur Prävention, die im Folgenden ausführlicher betrachtet werden.

Eine der zentralen Säulen des systemischen Gewaltschutztraining ist **Bildung und Aufklärung**. Diese Maßnahmen zielen darauf ab, das Bewusstsein für die Ursachen und Auswirkungen von Gewalt zu schärfen sowie die Bedeutung von Konfliktlösungskompetenzen zu vermitteln. Bildungseinrichtungen, wie Schulen und Universitäten, spielen hierbei eine entscheidende Rolle.

- **Schulungsprogramme:** Schulen können spezielle Programme zur Gewaltprävention einführen, die Schüler über die verschiedenen Formen von Gewalt, deren Ursachen und mögliche Folgen aufklären. Workshops, Seminare und Informationsveranstaltungen können dazu beitragen, dass Schüler ein besseres Verständnis für die Thematik entwickeln und lernen, wie sie Konflikte auf gewaltfreie Weise lösen können.

- **Peer-Education-Modelle:** Ein effektiver Ansatz ist das Peer-Teaching, bei dem Schüler selbst als Lehrende auftreten. Indem sie Gleichaltrige über gewaltfreie Konfliktlösungsstrategien informieren, können sie eine positive Gruppendynamik fördern und ein unterstützendes Umfeld schaffen.

- **Elternaufklärung:** Die Aufklärung von Eltern über die Risiken von Gewalt und die Bedeutung der Vermittlung von Konfliktlösungskompetenzen an ihre Kinder ist ebenso wichtig. Informationsabende und Workshops für Eltern können dazu beitragen, dass diese die notwendige Unterstützung leisten, um ein gewaltfreies Umfeld zu schaffen.

Die **Stärkung sozialer Fähigkeiten** ist ein weiterer entscheidender Aspekt des systemischen Gewaltschutztraining. Programme, die soziale und emotionale Kompetenzen fördern, haben sich als wirksam erwiesen, um aggressives Verhalten zu reduzieren.

- **Kommunikationstrainings:** Schulungen, die sich auf die Verbesserung der Kommunikationsfähigkeiten konzentrieren, sind von großer Bedeutung. Die Fähigkeit, klar und respektvoll zu kommunizieren, kann helfen, Missverständnisse und Konflikte zu vermeiden, bevor sie eskalieren. Rollenspiele und Gruppenarbeiten können dabei unterstützen, diese Fähigkeiten zu erlernen und anzuwenden.

- **Empathie Förderung:** Empathie ist ein Schlüssel zur Gewaltprävention. Programme, die darauf abzielen, das Einfühlungsvermögen in andere zu fördern, können dazu beitragen, dass Individuen die Perspektiven und Gefühle anderer besser verstehen. Dies kann durch Aktivitäten wie Gruppenprojekte, Theateraufführungen oder kreative Ausdrucksformen geschehen, bei denen die Teilnehmer die Erfahrungen anderer nacherleben und reflektieren können.

- **Problemlösungskompetenzen:** Das Erlernen von Problemlösungsstrategien ist entscheidend, um gewalttätige Ausbrüche zu verhindern. Individuen sollten befähigt werden, Probleme zu identifizieren, Lösungen zu entwickeln und diese umzusetzen, ohne auf aggressives Verhalten zurückzugreifen. Hierzu können strukturierte Programme eingesetzt werden, die verschiedene Techniken zur effektiven Problemlösung vermitteln.

Familien spielen eine zentrale Rolle in der Gewaltprävention. Die Unterstützung von Familien durch Programme, die auf positive Erziehungsmethoden abzielen, kann entscheidend dazu beitragen, das Risiko von Gewalt in der Kindheit und Jugend zu verringern.

- **Erziehungsprogramme:** Programme, die Eltern in positiven Erziehungsstrategien schulen, können helfen, ein unterstützendes und stabiles Umfeld zu schaffen. Diese Programme lehren Eltern, wie sie effektiv kommunizieren, Grenzen setzen und emotionale Unterstützung bieten können. Sie vermitteln Techniken, um Konflikte innerhalb der Familie gewaltfrei zu lösen und ein respektvolles Miteinander zu fördern.

- **Familienberatung:** In Fällen, in denen familiäre Probleme bestehen, kann die Inanspruchnahme von Familienberatungsdiensten hilfreich sein. Fachleute können Familien dabei unterstützen, die zugrunde liegenden Konflikte zu identifizieren und gemeinsam Lösungen zu entwickeln. Dies kann dazu beitragen, Spannungen zu reduzieren und eine positive familiäre Dynamik zu fördern.

- **Gemeinschaftsressourcen:** Die Bereitstellung von Ressourcen und Unterstützung in der Gemeinschaft ist ebenfalls wichtig. Programme, die

Familienbildung, soziale Unterstützung und Freizeitaktivitäten anbieten, können dazu beitragen, ein starkes und unterstützendes Netzwerk zu schaffen, das gewaltpräventive Maßnahmen fördert.

Die verschiedenen Ansätze zur Prävention von Gewalt und aggressivem Verhalten sind eng miteinander verknüpft und ergänzen sich gegenseitig. Bildung und Aufklärung schaffen das notwendige Bewusstsein, während die Stärkung sozialer Fähigkeiten Individuen die Werkzeuge an die Hand gibt, um Konflikte gewaltfrei zu lösen. Familieninterventionen tragen dazu bei, das Fundament für gesunde zwischenmenschliche Beziehungen zu legen. Durch die gemeinsame Umsetzung dieser Strategien können Gesellschaften insgesamt gewaltfreier und sicherer gestaltet werden.

2. Intervention

Wenn Gewalt oder aggressives Verhalten bereits aufgetreten sind, ist es von entscheidender Bedeutung, effektive Interventionsstrategien zu implementieren, um die Situation zu deeskalieren und zukünftige Gewaltausbrüche zu verhindern. In diesem Kontext kommen verschiedene Ansätze zur Anwendung, die sowohl kurzfristige Lösungen als auch langfristige Veränderungen in den

Verhaltensmustern der Betroffenen fördern können.
Im Folgenden werden die wesentlichen
Interventionsstrategien detaillierter erläutert.

Deeskalationstechniken

Deeskalationstechniken sind ein zentraler Bestandteil
jeder Intervention, wenn Konflikte drohen, zu Gewalt
zu eskalieren. Diese Techniken zielen darauf ab,
Spannungen abzubauen und eine gewaltfreie
Kommunikation zu fördern. Zu den wichtigsten
Aspekten der Deeskalation gehören:

- **Aktives Zuhören:** Eine der grundlegendsten
  Fähigkeiten in der Deeskalation ist das aktive
  Zuhören. Dies bedeutet, dass die Person, die
  deeskalieren möchte, dem Gegenüber ihre
  volle Aufmerksamkeit schenkt, Augenkontakt
  herstellt und nonverbale Signale wie Nicken
  oder eine offene Körperhaltung zeigt. Durch
  das Wiederholen oder Paraphrasieren von
  Äußerungen des anderen wird signalisiert,
  dass dessen Gefühle und Ansichten ernst
  genommen werden.

- **Validierung der Gefühle:** Es ist wichtig, die
  Emotionen des anderen zu validieren, selbst
  wenn man mit deren Standpunkt nicht
  übereinstimmt. Sätze wie „Ich verstehe, dass

Du/Sie frustriert sind" oder „Es ist nachvollziehbar, dass Du/Sie dich/sich so fühlen" können helfen, die emotionale Intensität zu senken und ein Gefühl von Respekt und Verständnis zu vermitteln.

- **Finden gemeinsamer Lösungen:** Anstatt sich auf die Differenzen zu konzentrieren, sollten die beteiligten Parteien dazu ermutigt werden, nach gemeinsamen Interessen oder Lösungen zu suchen. Dies kann durch Brainstorming oder das offene Gespräch über mögliche Kompromisse geschehen. Das Ziel hier ist es, eine kooperative Atmosphäre zu schaffen, in der beide Seiten das Gefühl haben, gehört und respektiert zu werden.

- **Ruhige und respektvolle Kommunikation:** Der Tonfall und die Wortwahl sind entscheidend. Ein ruhiger, sachlicher Ansatz kann helfen, die Situation zu entspannen. Vermeidung von herabsetzenden oder aggressiven Formulierungen ist essenziell, um eine Eskalation der Situation zu verhindern.

Konfliktmediatoren

In vielen Fällen, insbesondere wenn die
Konfliktparteien nicht in der Lage sind, selbst eine
Lösung zu finden, kann die Einbeziehung von
neutralen Dritten, wie Mediatoren oder
Konfliktberatern, entscheidend sein. Mediatoren sind
geschult, um in Konfliktsituationen zu vermitteln und
helfen dabei, die Kommunikation zwischen den
Parteien zu erleichtern. Wichtige Aspekte dieser
Methode sind:

- **Neutralität:** Mediatoren müssen sich neutral
  verhalten und dürfen keine persönlichen
  Präferenzen oder Vorurteile in die Mediation
  einbringen. Diese Unparteilichkeit schafft ein
  sicheres Umfeld, in dem beide Parteien offen
  kommunizieren können.

- **Klärung von Standpunkten:** Mediatoren
  helfen den Beteiligten, ihre Standpunkte klar
  zu formulieren. Oft sind Missverständnisse
  und falsche Annahmen die Wurzel von
  Konflikten. Ein Mediator kann helfen, diese
  Missverständnisse zu identifizieren und
  auszuräumen.

- **Förderung von Kompromissen:** Mediatoren
  unterstützen die Parteien dabei, Kompromisse

zu finden, die für beide Seiten akzeptabel sind. Dies kann durch kreative Lösungsansätze geschehen, die möglicherweise außerhalb der ursprünglichen Vorstellungen der Parteien liegen.

- **Nachhaltige Lösungen:** Der Mediationsprozess zielt nicht nur auf eine kurzfristige Lösung ab, sondern auch auf die Schaffung nachhaltiger Vereinbarungen, die zukünftige Konflikte minimieren. Dies kann durch die Entwicklung von Verhaltensvereinbarungen oder regelmäßigen Nachbesprechungen geschehen.

Therapeutische Interventionen

In Fällen von schwerem aggressivem Verhalten oder wiederholter Gewalt kann eine therapeutische Intervention notwendig sein. Diese Interventionen zielen darauf ab, die zugrunde liegenden emotionalen Probleme, die zu aggressivem Verhalten führen, zu erkennen und zu bearbeiten. Wichtige Aspekte dieser Interventionen sind:

- **Psychotherapie:** Einzeltherapie kann eine tiefgehende Auseinandersetzung mit den persönlichen Problemen des Betroffenen ermöglichen. Ein Therapeut kann helfen, die

Ursachen von Aggression zu identifizieren, sei es durch traumatische Erlebnisse, emotionale Störungen oder ungünstige Verhaltensmuster. Durch Gesprächstherapie, kognitive Verhaltenstherapie oder andere therapeutische Ansätze können Betroffene lernen, ihre Emotionen besser zu regulieren und gesündere Verhaltensweisen zu entwickeln.

- **Gruppentherapie:** Gruppentherapie bietet den Betroffenen die Möglichkeit, sich mit anderen auszutauschen, die ähnliche Erfahrungen gemacht haben. Diese Form der Therapie fördert das Gefühl der Gemeinschaft und des Verständnisses und ermöglicht es den Teilnehmenden, voneinander zu lernen, neue Perspektiven zu gewinnen und sich gegenseitig zu unterstützen. Gruppendynamiken können auch helfen, soziale Fähigkeiten zu stärken und den Umgang mit Konflikten zu üben.

- **Entwicklung gesunder Bewältigungsmechanismen:** Ein entscheidendes Ziel der Therapie ist die Entwicklung von gesunden Bewältigungsmechanismen. Betroffene lernen, wie sie mit Stress, Frustration und anderen belastenden Emotionen umgehen können, ohne auf aggressive Verhaltensweisen zurückzugreifen. Techniken wie Achtsamkeit, Entspannungsübungen und das Erlernen von Problemlösungsstrategien spielen hierbei eine wichtige Rolle.

Die Intervention nach einem Gewaltvorfall ist ein komplexer Prozess, der sowohl kurzfristige als auch langfristige Strategien umfasst. Durch den Einsatz von Deeskalationstechniken, die Einbeziehung von Konfliktmediatoren und therapeutischen Interventionen können nicht nur akute Konflikte gelöst, sondern auch die Grundlagen für ein gewaltfreies Verhalten in der Zukunft gelegt werden. Die Kombination dieser Ansätze ist entscheidend, um sowohl die individuellen Bedürfnisse der Betroffenen zu berücksichtigen als auch die langfristige Prävention von Gewalt zu fördern.

3. Nachsorge

Die Nachsorge ist ein entscheidender Bestandteil der Bearbeitung von Vorfällen mit Gewalt oder aggressivem Verhalten. Sie umfasst eine Vielzahl von Unterstützungsmaßnahmen, die darauf abzielen, den Betroffenen zu helfen, die erlebten Traumata zu verarbeiten, zukünftige Vorfälle zu verhindern und ein gesundes Umfeld für alle Beteiligten zu fördern. Im

Folgenden werden die verschiedenen Aspekte der Nachsorge ausführlicher erläutert.

Die **Nachbearbeitung** von Vorfällen ist ein systematischer Prozess, der darauf abzielt, die Umstände des gewalttätigen Vorfalls zu analysieren und zu verstehen. Dieser Schritt ist entscheidend, um aus der Situation zu lernen und um sicherzustellen, dass ähnliche Vorfälle in der Zukunft vermieden werden können. Die Nachbearbeitung umfasst mehrere wichtige Elemente:

- **Erfassung der Fakten:** Zunächst ist es wichtig, alle relevanten Informationen zu sammeln, die den Vorfall betreffen. Dazu gehören Aussagen von Zeugen, Berichte von Beteiligten, medizinische Gutachten und etwaige Video- oder Audioaufzeichnungen. Eine gründliche Dokumentation ermöglicht es, ein umfassendes Bild der Ereignisse zu erhalten.

- **Analyse der Ursachen:** Die Analyse sollte nicht nur die unmittelbaren Auslöser des Vorfalls betrachten, sondern auch tiefere strukturelle und emotionale Faktoren berücksichtigen, die zu der Aggression geführt haben könnten. Dies kann beinhalten, festzustellen, ob es vorherige Konflikte oder

Spannungen gab, die nicht angemessen adressiert wurden.

- **Bewertung der Präventions- und Interventionsstrategien:** Nach einem Vorfall sollte auch die Wirksamkeit der bereits implementierten Präventions- und Interventionsstrategien bewertet werden. Haben diese Strategien dazu beigetragen, die Situation zu entschärfen? Welche Maßnahmen waren erfolgreich, und wo gibt es Verbesserungspotenzial? Die Ergebnisse dieser Bewertung sind entscheidend für die Anpassung und Optimierung zukünftiger Ansätze.

- **Berichterstattung:** Die Ergebnisse der Nachbearbeitung sollten in einem Bericht zusammengefasst werden, der sowohl für interne Zwecke als auch für externe Stellen, wie etwa Aufsichtsbehörden oder Fachleute im Bereich des systemischen Gewaltschutztraining, von Bedeutung sein kann. Diese Transparenz kann zur Aufklärung über Gewaltvorfälle beitragen und das Vertrauen in die Institutionen stärken.

Die emotionalen Auswirkungen von Gewalt sind oft tiefgreifend und langanhaltend. Betroffene benötigen umfassende Unterstützung, um mit den psychischen und emotionalen Folgen eines Vorfalls umzugehen. Diese Unterstützung kann in verschiedenen Formen bereitgestellt werden:

- **Beratungsdienste:** Professionelle Berater oder Psychologen können den Betroffenen helfen, ihre Erfahrungen zu verarbeiten. In Einzel- oder Gruppensitzungen können sie Techniken erlernen, um mit ihren Emotionen umzugehen und Strategien zur Bewältigung von Angst, Trauer oder Wut zu entwickeln. Psychotherapie kann auch dazu beitragen, posttraumatische Belastungsstörungen (PTBS) zu behandeln, die nach Gewalterfahrungen häufig auftreten.

- **Selbsthilfegruppen:** Der Austausch mit anderen, die ähnliche Erfahrungen gemacht haben, kann für viele Betroffene äußerst hilfreich sein. Selbsthilfegruppen bieten einen sicheren Raum, in dem die Teilnehmer ihre Gefühle und Sorgen offen teilen können. Diese Gruppen fördern das Gefühl der Gemeinschaft und des Verständnisses und helfen den Betroffenen, sich weniger isoliert zu fühlen.

- **Familienunterstützung:** Oft sind nicht nur die direkten Opfer von Gewalt betroffen, sondern auch ihre Familienmitglieder. Daher kann es sinnvoll sein, auch den Angehörigen Unterstützung anzubieten. Familienberatungen können helfen, die Kommunikation innerhalb der Familie zu verbessern und gemeinsame Bewältigungsstrategien zu entwickeln.

- **Bildungsressourcen:** Aufklärung über die psychologischen Auswirkungen von Gewalt und den Heilungsprozess kann den Betroffenen und ihren Angehörigen helfen, besser zu verstehen, was sie durchmachen. Workshops, Informationsblätter oder Online-Ressourcen können dabei unterstützen, das Wissen über Traumaverarbeitung und emotionale Heilung zu erweitern.

Die Implementierung von langfristigen Strategien zur Gewaltprävention und Intervention ist entscheidend, um nachhaltige Veränderungen zu erreichen und sowohl die Täter als auch die Opfer zu unterstützen. Diese Strategien sollten folgende Aspekte berücksichtigen:

- **Entwicklung von Präventionsprogrammen:** Langfristige Präventionsprogramme sollten auf verschiedenen Ebenen angesiedelt sein – in Schulen, am Arbeitsplatz und in der Gemeinschaft. Diese Programme können Bildungsinitiativen, Workshops zur Gewaltprävention und Trainings zur Verbesserung der Konfliktlösungsfähigkeiten umfassen. Ziel ist es, ein Bewusstsein für die Folgen von Gewalt zu schaffen und Fähigkeiten zu fördern, die helfen, Aggression zu vermeiden.

- **Fortlaufende Schulungen für Fachkräfte:** Personen, die regelmäßig mit potenziellen Opfern oder Tätern von Gewalt arbeiten – wie Lehrer, Sozialarbeiter oder Polizeibeamte – sollten regelmäßig geschult werden. Diese Schulungen könnten sich auf die Erkennung von Risikofaktoren, das

Management von Konflikten und die
Anwendung von Deeskalationstechniken
konzentrieren.

- **Zugang zu Ressourcen für Täter:** Auch Täter
  von Gewalt benötigen Unterstützung, um ihre
  Verhaltensmuster zu ändern. Programme zur
  Tätertherapie können helfen, die zugrunde
  liegenden Ursachen ihrer Aggression zu
  identifizieren und alternative Verhaltensweisen
  zu entwickeln. Die Integration solcher
  Programme in das Justizsystem oder in soziale
  Dienste kann dazu beitragen, Rückfälle zu
  minimieren.

- **Monitoring und Evaluation:** Langfristige
  Strategien müssen regelmäßig überwacht und
  evaluiert werden, um ihre Wirksamkeit zu
  gewährleisten. Dies kann durch Feedback von
  Betroffenen, Analyse von Rückfallquoten und
  Berichterstattung über die Fortschritte in der
  Gewaltprävention erfolgen. Die Anpassung
  und Verbesserung von Programmen auf der
  Grundlage dieser Ergebnisse ist unerlässlich,
  um sicherzustellen, dass die Maßnahmen
  relevant und effektiv bleiben.

Die Nachsorge nach einem Vorfall von Gewalt oder aggressivem Verhalten ist ein umfassender Prozess, der die Nachbearbeitung von Vorfällen, emotionale Unterstützung für die Betroffenen und die Implementierung langfristiger Strategien umfasst. Durch die Kombination dieser Ansätze kann nicht nur unmittelbare Hilfe geleistet, sondern auch ein nachhaltiger Wandel in der Gesellschaft gefördert werden, der sowohl Opfern als auch Tätern zugutekommt. Ein proaktiver und integrativer Ansatz zur Nachsorge ist entscheidend, um die emotionalen, psychologischen und sozialen Konsequenzen von Gewalt zu bewältigen und eine Kultur der Gewaltfreiheit zu fördern.

Die Rolle von Erziehungsstilen

Die Erziehungsstile, die Eltern und Bezugspersonen anwenden, spielen eine entscheidende Rolle bei der Entwicklung von Verhaltensweisen, einschließlich Gewalt- und Konfliktverhalten. In diesem Abschnitt werden verschiedene Erziehungsstile und deren Einfluss auf die Entwicklung von aggressivem Verhalten und Konflikten untersucht.

1. Autoritärer Erziehungsstil

Der autoritäre Erziehungsstil ist ein Erziehungsansatz, der durch hohe Anforderungen und geringe

Sensibilität der Eltern gekennzeichnet ist. In solchen Familien legen die Eltern großen Wert auf Disziplin, Kontrolle und Gehorsam, während sie oft wenig Raum für emotionale Ausdrücke oder individuelle Meinungen der Kinder schaffen. Dieser Stil ist häufig von strengen Regeln und festen Erwartungen geprägt, die ohne Diskussion durchgesetzt werden. Eltern, die diesen Erziehungsstil praktizieren, tendieren dazu, ihre Autorität und Machtposition stark zu betonen und dabei die Bedürfnisse und Wünsche ihrer Kinder zu ignorieren oder nur am Rande zu berücksichtigen.

Merkmale des autoritären Erziehungsstils

Ein zentraler Aspekt des autoritären Erziehungsstils ist die Überzeugung, dass Gehorsam und Disziplin unerlässlich sind, um Kinder zu erziehen. Dies äußert sich in:

- **Strengen Regeln:** Eltern setzen oft rigide Regeln, die das Verhalten ihrer Kinder in vielen Lebensbereichen regulieren. Diese Regeln sind häufig nicht verhandelbar und müssen strikt befolgt werden.

- **Mangelnde Flexibilität:** In autoritären Familien gibt es wenig Raum für Anpassungen oder die Berücksichtigung individueller Bedürfnisse. Kinder lernen, dass ihre Wünsche und Meinungen nicht von Bedeutung sind, was zu einem Gefühl der Ohnmacht führen kann.

- **Emotionale Distanz:** Autoritäre Eltern neigen dazu, wenig emotionale Wärme oder Unterstützung zu zeigen. Die Beziehung zwischen Eltern und Kindern kann dadurch als kalt und distanziert wahrgenommen werden.

- **Kommunikationsmuster:** Die Kommunikation ist oft einseitig, wobei die Eltern Anweisungen geben und die Kinder diese lediglich befolgen müssen. Ein Dialog oder die Möglichkeit, Meinungen auszutauschen, ist in der Regel nicht vorgesehen.

Negative Verhaltensweisen in der Folge

Die Auswirkungen eines autoritären Erziehungsstils auf die Entwicklung von Kindern können weitreichend und tiefgreifend sein. Zwei der häufigsten negativen Verhaltensweisen, die in diesem Kontext beobachtet werden, sind:

1. **Erhöhtes Aggressionspotenzial:** Kinder, die in autoritären Umgebungen aufwachsen, zeigen häufig ein höheres Risiko für aggressives Verhalten. Dies kann mehrere Ursachen haben:

- o **Unfähigkeit zur emotionalen Regulation:** Da diese Kinder oft nicht lernen, ihre Emotionen auf gesunde Weise auszudrücken, neigen sie dazu, ihre Frustrationen und Wut zu internalisieren oder nach außen zu richten. Anstatt ihre Gefühle in einem sicheren Umfeld zu verarbeiten, entwickeln sie möglicherweise maladaptive Bewältigungsmechanismen.

- o **Aggression als Konfliktlösung:** In einem autoritären Umfeld, in dem Diskussionen und Verhandlungen nicht gefördert werden, können Kinder lernen, Konflikte durch aggressive Mittel zu lösen. Sie sehen möglicherweise Aggression als die einzige Möglichkeit, ihre Bedürfnisse oder Wünsche durchzusetzen, da sie in ihrem eigenen Zuhause keine anderen Lösungsstrategien erlernen.

2. **Geringe Konfliktlösungskompetenz:** Ein weiterer besorgniserregender Aspekt ist die Entwicklung geringer Fähigkeiten zur Konfliktlösung:

- o **Mangel an Kommunikation:** Kinder, die nicht gelernt haben, ihre Meinungen und Bedürfnisse auszudrücken, können in stressigen oder konfliktbeladenen Situationen überfordert sein. Sie haben möglicherweise nicht die Fähigkeit, ihre Perspektive klar zu artikulieren oder Kompromisse zu finden, was zu einem Teufelskreis von Missverständnissen und erhöhter Aggression führen kann.

- o **Fehlende alternative Bewältigungsstrategien:** Diese Kinder haben oft nicht die Möglichkeit, gesunde Bewältigungsmechanismen zu erlernen, wie z. B. Verhandlungen, Kompromisse oder das Einholen von Unterstützung. Wenn sie in Konfliktsituationen stehen, greifen sie möglicherweise eher zu impulsivem oder aggressivem Verhalten, da sie nicht über die nötigen Werkzeuge verfügen, um konstruktiv mit den Herausforderungen umzugehen.

Die langfristigen Folgen eines autoritären Erziehungsstils können sich über die Kindheit hinaus erstrecken. Erwachsene, die in solchen Umgebungen aufgewachsen sind, können Schwierigkeiten haben, gesunde Beziehungen aufzubauen, ihre Emotionen zu regulieren oder Konflikte auf konstruktive Weise zu lösen. Sie könnten auch selbst autoritäre Verhaltensweisen in ihren eigenen Erziehungsansätzen reproduzieren, was einen Kreislauf von autoritärer Erziehung und den damit verbundenen Problemen perpetuiert.

Zusammenfassend lässt sich sagen, dass der autoritäre Erziehungsstil erhebliche negative Auswirkungen auf die emotionale und soziale Entwicklung von Kindern haben kann. Ein Mangel an emotionaler Unterstützung und die Betonung von Gehorsam über persönliche Bedürfnisse können dazu führen, dass Kinder Schwierigkeiten haben, gesunde Beziehungen aufzubauen, ihre Emotionen zu verarbeiten und Konflikte effektiv zu lösen. Es ist entscheidend, dass Eltern und Erzieher alternative, unterstützende Erziehungsansätze in Betracht ziehen, die die emotionale und soziale Entwicklung von Kindern fördern und die Entwicklung gesunder, resilienter Individuen unterstützen.

2. Permissiver Erziehungsstil

Der permissive Erziehungsstil ist ein Erziehungsansatz, der durch nachgiebige und oft liebevolle Eltern gekennzeichnet ist, die ihren Kindern viel Freiheit und wenig Kontrolle gewähren. In Familien, die diesen Stil anwenden, stehen die Wünsche und Bedürfnisse der Kinder oft im Vordergrund, und die Eltern versuchen, eine enge, freundschaftliche Beziehung zu ihren Kindern aufzubauen. Während dieser Ansatz einige positive Aspekte, wie z. B. ein hohes Maß an emotionaler Unterstützung und die Förderung von Kreativität, aufweisen kann, gibt es auch signifikante Risiken, die mit einem permissiven Erziehungsstil verbunden sind.

Permissive Eltern neigen dazu, eine entspannte Haltung gegenüber den Regeln und Grenzen zu haben. Sie sind oft bereit, den Kindern ihre Wünsche zu erfüllen, anstatt strenge Richtlinien oder Vorschriften aufzustellen. Diese Eltern sind in der Regel sehr einfühlsam und zeigen eine hohe emotionale Unterstützung, was dazu führen kann, dass Kinder sich geliebt und akzeptiert fühlen. Dennoch kann die Überbetonung von Freiheit und das Fehlen von klaren Grenzen zu verschiedenen Problemen führen.

1. **Mangel an Grenzen und Regeln:**

   o Kinder, die in permissiven Umgebungen aufwachsen, erleben oft, dass es an klaren Regeln und Grenzen mangelt. Diese Unklarheit kann dazu führen, dass Kinder Schwierigkeiten haben, den Unterschied zwischen akzeptablem und inakzeptablem Verhalten zu erkennen.

   o Da die Eltern oft nicht konsequent in der Durchsetzung von Regeln sind, können Kinder dazu neigen, impulsiv zu handeln und ihre Bedürfnisse ohne Rücksicht auf die Konsequenzen auszuleben. Dies kann zu Herausforderungen im sozialen Verhalten führen, da sie möglicherweise nicht lernen, sich an gesellschaftliche Normen anzupassen.

2. **Impulsives und aggressives Verhalten:**

   o Kinder, die keine klaren Grenzen erfahren, können Schwierigkeiten haben, ihre Impulse zu kontrollieren. Wenn sie auf Frustration oder Konflikte

stoßen, könnte ihr Verhalten
unberechenbar werden.

- o Diese Kinder könnten dazu neigen,
  aggressiv zu reagieren, wenn sie sich
  bedroht fühlen oder ihre Bedürfnisse
  nicht sofort erfüllt werden. Da sie nicht
  gelernt haben, ihre Emotionen auf
  gesunde Weise auszudrücken, kann
  dies zu explosiven Wutausbrüchen oder
  unfairen Konfrontationen mit
  Gleichaltrigen führen.

3. **Konfliktvermeidung und Schwierigkeiten bei der Konfliktlösung:**

- o Ein weiteres Risiko des permissiven
  Erziehungsstils ist, dass Kinder oft nicht
  lernen, konstruktiv mit Konflikten
  umzugehen. Da sie in einer Umgebung
  aufwachsen, in der ihre Wünsche
  häufig erfüllt werden, sind sie
  möglicherweise nicht darauf
  vorbereitet, Kompromisse einzugehen
  oder in schwierigen Situationen zu
  verhandeln.

- o Statt aktiv nach Lösungen zu suchen,
  könnten diese Kinder dazu neigen,

Konflikte zu vermeiden oder in stressigen Situationen aggressiv zu reagieren. Sie könnten sich zurückziehen oder versuchen, Auseinandersetzungen zu umgehen, was dazu führt, dass ungelöste Probleme bestehen bleiben und sich verschlimmern können.

Die langfristigen Auswirkungen eines permissiven Erziehungsstils können erheblich sein. Kinder, die in solchen Umgebungen aufwachsen, könnten Schwierigkeiten haben, sich in sozialen Kontexten zu orientieren, da sie oft nicht die Fähigkeit entwickeln, Grenzen zu setzen oder zu respektieren. Dies kann zu Schwierigkeiten in Freundschaften oder späteren romantischen Beziehungen führen, in denen Kompromisse und gegenseitiger Respekt erforderlich sind.

Zusätzlich können diese Kinder im späteren Leben Herausforderungen im beruflichen Bereich haben, da sie möglicherweise nicht lernen, Autorität zu akzeptieren oder den Wert von Regeln und Struktur zu erkennen. Die Unfähigkeit, Konflikte konstruktiv zu lösen, kann sich in einem Mangel an beruflichem Erfolg oder in Schwierigkeiten bei der Teamarbeit äußern.

Zusammenfassend lässt sich feststellen, dass der permissive Erziehungsstil sowohl positive als auch negative Aspekte mit sich bringt. Während eine liebevolle und unterstützende Umgebung die emotionale Entwicklung der Kinder fördern kann, birgt das Fehlen von Grenzen und Regeln erhebliche Risiken. Es ist entscheidend, dass Eltern, die einen permissiven Ansatz verfolgen, ein Gleichgewicht finden und sicherstellen, dass ihre Kinder lernen, Grenzen zu respektieren, Verantwortung zu übernehmen und konstruktiv mit Konflikten umzugehen. Eine bewusste Integration von Regeln und Grenzen in eine liebevolle Erziehung kann dazu beitragen, dass Kinder zu verantwortungsbewussten und sozial kompetenten Erwachsenen heranwachsen.

3. Autoritativer Erziehungsstil

Der autoritative Erziehungsstil gilt weithin als der effektivste Ansatz zur Förderung gesunder Verhaltensweisen und sozialer Kompetenzen bei Kindern. Dieser Erziehungsstil zeichnet sich durch eine ausgewogene Kombination von hohen Anforderungen und einer unterstützenden, respektvollen Haltung der Eltern aus. Im Gegensatz zu anderen Erziehungsstilen, die entweder zu nachgiebig oder zu autoritär sind, schafft der autoritative Stil ein ideales Umfeld, in dem Kinder sowohl Herausforderungen als auch emotionale Unterstützung erfahren. Dies führt dazu, dass sie sich zu selbstbewussten und sozial kompetenten Individuen entwickeln.

Merkmale des autoritativen Erziehungsstils

1. **Hohe Anforderungen und klare Erwartungen:**

   - Autoritative Eltern setzen klare Regeln und Erwartungen für das Verhalten ihrer Kinder. Diese Anforderungen sind jedoch nicht starr, sondern werden durch Erklärungen und Diskussionen unterstützt. Eltern kommunizieren die Gründe hinter den Regeln, was den Kindern hilft, die Bedeutung von Verantwortlichkeit und Disziplin zu verstehen.

   - Diese Art von Struktur gibt den Kindern ein Gefühl von Sicherheit und Orientierung, da sie wissen, was von ihnen erwartet wird. Gleichzeitig haben sie die Freiheit, ihre eigenen Entscheidungen zu treffen, was ihnen ermöglicht, Unabhängigkeit zu entwickeln.

2. Positive Konfliktlösungsfähigkeiten:

- Kinder, die in autoritativen Familien aufwachsen, lernen, ihre Meinungen zu äußern und Konflikte konstruktiv zu lösen. Die Eltern ermutigen ihre Kinder, ihre Gedanken und Gefühle auszudrücken, und unterstützen sie dabei, die Perspektiven anderer zu verstehen.

- Durch Rollenspiele, gemeinsame Problemlösungen oder Diskussionen über verschiedene Sichtweisen entwickeln die Kinder Empathie. Sie lernen, dass es wichtig ist, die Gefühle und Bedürfnisse anderer zu respektieren, was zu einer Verringerung aggressiven Verhaltens führt. Diese Fähigkeiten sind entscheidend für die Entwicklung gesunder zwischenmenschlicher Beziehungen und tragen dazu bei, dass Kinder als Erwachsene in sozialen Interaktionen erfolgreicher sind

.

3. Emotionale Regulation:

- Ein zentrales Merkmal des autoritativen Erziehungsstils ist die Förderung der emotionalen Regulation bei Kindern. Autoritative Eltern helfen ihren Kindern, ihre Gefühle zu erkennen, zu verstehen und angemessen auszudrücken. Sie ermutigen die Kinder, über ihre Emotionen zu sprechen, und bieten Strategien an, um mit schwierigen Gefühlen umzugehen.

- Diese Unterstützung reduziert das Risiko von aggressiven Ausbrüchen und emotionalen Schwierigkeiten. Kinder lernen, dass es in Ordnung ist, Gefühle zu haben, und dass sie diese Gefühle auf gesunde Weise ausdrücken können. Sie entwickeln auch Fähigkeiten zur Stressbewältigung und zur Selbstberuhigung, die ihnen helfen, mit Herausforderungen und Rückschlägen umzugehen.

4. **Förderung von Autonomie und Verantwortungsbewusstsein:**

- o Autoritative Eltern legen Wert auf die Autonomie ihrer Kinder und ermutigen sie, Entscheidungen zu treffen und Verantwortung für ihr Handeln zu übernehmen. Diese Förderung der Selbstständigkeit ist wichtig für die Entwicklung des Selbstbewusstseins und des Selbstwertgefühls.

- o Kinder lernen, dass ihre Entscheidungen Konsequenzen haben, und sie entwickeln die Fähigkeit, aus ihren Erfahrungen zu lernen. Diese Verantwortung stärkt ihr Vertrauen in die eigenen Fähigkeiten und fördert ihre soziale Kompetenz.

Die positiven Auswirkungen des autoritativen Erziehungsstils sind weitreichend und nachhaltig. Kinder, die in einem autoritativen Umfeld aufwachsen, zeigen häufig höhere akademische Leistungen, bessere soziale Fähigkeiten und ein höheres Maß an emotionaler Intelligenz. Sie sind in der Lage, gesunde Beziehungen zu Gleichaltrigen und Erwachsenen aufzubauen, und sie zeigen weniger Anzeichen von Verhaltensauffälligkeiten.

Darüber hinaus sind diese Kinder oft besser in der Lage, mit Stress umzugehen und ihre Emotionen zu regulieren, was ihnen hilft, Herausforderungen im Leben erfolgreich zu bewältigen. Sie entwickeln ein starkes Gefühl von Empathie und Mitgefühl, was sie zu kooperativen und unterstützenden Mitgliedern der Gesellschaft macht.

Zusammenfassend lässt sich sagen, dass der autoritative Erziehungsstil ein effektiver und ausgewogener Ansatz ist, der es Kindern ermöglicht, sich optimal zu entwickeln. Durch die Kombination von hohen Erwartungen und emotionaler Unterstützung lernen Kinder nicht nur, wie sie sich in der Welt zurechtfinden, sondern auch, wie sie gesunde Beziehungen zu anderen aufbauen können. Die Förderung von Konfliktlösungsfähigkeiten und emotionaler Regulation trägt dazu bei, dass sie als Erwachsene verantwortungsbewusste, empathische und erfolgreiche Menschen werden. Eltern, die diesen Erziehungsstil praktizieren, leisten somit einen wertvollen Beitrag zur positiven Entwicklung ihrer Kinder und zur Schaffung einer gesunden, unterstützenden Gemeinschaft.

Einfluss von Erziehungsstilen auf Gewaltverhalten und Konflikte

Die Erziehungsstile haben einen signifikanten Einfluss auf die Entwicklung von Gewaltverhalten und Konfliktlösungsfähigkeiten. Während autoritäre und permissive Stile zu einem erhöhten Risiko für Gewalt und aggressive Verhaltensweisen führen können, fördert der autoritative Stil gesunde zwischenmenschliche Fähigkeiten und ein positives Konfliktverhalten.

Wie in Kapitel 1 erwähnt, sind Konflikte ein unvermeidlicher Bestandteil des menschlichen Lebens, und die Art und Weise, wie Individuen mit Konflikten umgehen, kann stark von den Erfahrungen in ihrer Kindheit und den Erziehungsstilen ihrer Eltern geprägt werden. Ein konstruktiver Umgang mit Konflikten ist entscheidend, um Gewalt zu vermeiden und gesunde Beziehungen aufzubauen. Das Verständnis der Rolle von Erziehungsstilen im Kontext von Gewaltmanagement ist daher von zentraler Bedeutung.

Fazit

Insgesamt ist Gewaltmanagement ein komplexes Feld, das Strategien zur Prävention, Intervention und Nachsorge umfasst. Die Erziehungsstile spielen eine entscheidende Rolle bei der Entwicklung von Verhaltensweisen, die mit Gewalt und Konflikten verbunden sind. Durch die Förderung positiver Erziehungsansätze und die Implementierung effektiver Gewaltmanagementstrategien können Gesellschaften sicherere und unterstützendere Umgebungen schaffen, in denen Konflikte gewaltfrei gelöst werden und individuelles Wachstum gefördert wird.

Kapitel 3: Konfrontative Arbeit

Grundsätze der konfrontativen Arbeit

Konfrontative Arbeit ist ein strukturierter Ansatz zur Konfliktbewältigung, der darauf abzielt, Spannungen und Gewalt durch direkte Auseinandersetzung mit den zugrunde liegenden Themen und Dynamiken zu bearbeiten. In der heutigen Gesellschaft, in der Missverständnisse und unterschiedliche Interessen häufig zu Konflikten führen, ist es von entscheidender Bedeutung, dass diese Konflikte nicht ignoriert oder verdrängt werden. Die Überzeugung hinter der konfrontativen Arbeit ist, dass das Verdrängen von Konflikten oft zu einer Eskalation von Gewalt und Unverständnis führt. Anstatt die Probleme zu vermeiden, fördert dieser Ansatz die aktive Auseinandersetzung, um Lösungen zu finden und das Miteinander zu verbessern.

Um die konfrontative Arbeit effektiv und nachhaltig zu gestalten, müssen bestimmte Grundsätze beachtet werden, die als Leitlinien für den Prozess dienen. Diese Grundsätze sind:

1. **Transparente Kommunikation**: Eine offene und ehrliche Kommunikation ist das Herzstück der konfrontativen Arbeit. Es ist von zentraler Bedeutung, dass alle Beteiligten die

Möglichkeit haben, ihre Perspektiven, Gedanken und Gefühle ohne Angst vor Ablehnung oder Bestrafung zu äußern. Transparente Kommunikation bedeutet, dass jeder seine Sichtweise frei äußern kann, ohne befürchten zu müssen, dass diese nicht ernst genommen wird. Diese Offenheit schafft ein Umfeld des Vertrauens, in dem die Beteiligten bereit sind, sich verletzlich zu zeigen und ihre innersten Gedanken preiszugeben. Eine solche Atmosphäre fördert den Dialog und ermöglicht es, dass alle Stimmen gehört werden, was zu einem tieferen Verständnis der Konfliktsituation führt.

2. **Respekt und Empathie** sind zentrale Elemente der konfrontativen Arbeit. Auch wenn direkte Auseinandersetzungen notwendig sind, muss der Respekt vor den anderen Beteiligten immer gewahrt bleiben. Dies bedeutet, dass die Ansichten und Gefühle der anderen anerkannt und wertgeschätzt werden, selbst wenn man nicht mit ihnen übereinstimmt. Empathie, das heißt die Fähigkeit, sich in die Gefühle und Perspektiven anderer hineinzuversetzen, ist entscheidend für eine konstruktive Auseinandersetzung. Sie ermöglicht es den

Beteiligten, ein besseres Verständnis für die Beweggründe und Ängste der anderen zu entwickeln. Wenn Empathie praktiziert wird, können Spannungen oft abgebaut und ein Gefühl der Verbundenheit gefördert werden, was die Basis für eine produktive Konfliktlösung bildet.

3. **Fokussierung auf das Verhalten, nicht die Person**: Ein weiterer wichtiger Grundsatz der konfrontativen Arbeit ist die Fokussierung auf das Verhalten und die damit verbundenen Auswirkungen, anstatt die Person als Ganzes zu beurteilen. Diese Herangehensweise trägt dazu bei, Schuldzuweisungen zu vermeiden und eine produktive Diskussion zu fördern. Indem der Fokus auf konkretes Verhalten gelegt wird, können die Beteiligten klarer und sachlicher kommunizieren, was zu Missverständnissen geführt hat und welche Auswirkungen das Verhalten auf andere hat. Diese Herangehensweise fördert eine Atmosphäre, in der Lösungen gefunden werden können, ohne dass sich die Beteiligten angegriffen fühlen oder in eine defensive Haltung geraten.

4. **Zielorientierung**: Die konfrontative Arbeit sollte stets auf die Lösung von Konflikten und die Verbesserung der Beziehungen abzielen. Dies erfordert eine klare Definition der Ziele, die die Beteiligten erreichen möchten, sowie die Entwicklung von konkreten Schritten, um diese Ziele zu realisieren. Zielorientierung bedeutet, dass alle Beteiligten sich darüber einig sind, welche Ergebnisse sie anstreben, und dass sie bereit sind, gemeinsam an der Lösung zu arbeiten. Diese Ausrichtung auf das Ziel schafft einen Fokus und eine Richtung für die Auseinandersetzung und hilft, die Diskussion konstruktiv und produktiv zu gestalten. Es ermutigt die Teilnehmer, gemeinsam Lösungen zu entwickeln, anstatt in alten Mustern der Auseinandersetzung stecken zu bleiben.

Insgesamt ist die konfrontative Arbeit ein kraftvoller Ansatz zur Konfliktbewältigung, der durch seine Grundsätze eine respektvolle und produktive Auseinandersetzung fördert. Indem die Beteiligten lernen, offen zu kommunizieren, Empathie zu entwickeln, sich auf Verhalten zu konzentrieren und zielorientiert zu arbeiten, können sie nicht nur bestehende Konflikte lösen, sondern auch langfristige Beziehungen aufbauen und stärken.

Die konfrontative Arbeit verfolgt eine Vielzahl von Zielen, die entscheidend zur Verbesserung zwischenmenschlicher Beziehungen und zur Reduzierung von Gewalt beitragen können. Durch die gezielte Auseinandersetzung mit Konflikten wird eine Plattform geschaffen, auf der alle Beteiligten ihre Standpunkte und Gefühle mitteilen können. Hier sind die Hauptziele dieser Methode im Detail erläutert:

1. **Konfliktklärung**: Ein zentrales Ziel der konfrontativen Arbeit ist die Klärung von Konflikten, die oft das Ergebnis von Missverständnissen, unausgesprochenen Annahmen oder unterschiedlichen Wahrnehmungen sind. In vielen zwischenmenschlichen Beziehungen entstehen Spannungen, wenn Kommunikationsbarrieren existieren oder wenn die Beteiligten ihre Gefühle und Bedürfnisse nicht offen mitteilen. Diese Missverständnisse können sich im Laufe der Zeit aufbauen und zu einer Eskalation der Konflikte führen, wenn sie nicht rechtzeitig angesprochen werden.

   Durch die direkte Auseinandersetzung mit Konflikten wird ein Raum geschaffen, in dem alle Beteiligten die Möglichkeit haben, ihre

Sichtweisen und Empfindungen auszudrücken. Dieser Prozess beginnt oft damit, dass jede Person ihre Perspektive darlegt, ohne dass sie unterbrochen wird. Es ist wichtig, dass alle Stimmen gehört werden, da dies nicht nur das Gefühl der Wertschätzung fördert, sondern auch dazu beiträgt, ein umfassenderes Bild der Situation zu erhalten. Wenn Menschen die Möglichkeit haben, offen und ehrlich zu kommunizieren, können Missverständnisse, die möglicherweise über Monate oder Jahre entstanden sind, angesprochen und ausgeräumt werden.

Ein weiterer wichtiger Aspekt der Konfliktklärung ist die Identifizierung der zugrunde liegenden Themen und Konfliktursachen. Oft sind die oberflächlichen Streitpunkte nur Symptome eines tieferliegenden Problems, das möglicherweise mit persönlichen Unsicherheiten, unterschiedlichen Werten oder vergangenen Erfahrungen zusammenhängt. Durch die gezielte Auseinandersetzung mit diesen Themen erhalten die Beteiligten eine tiefere Einsicht in die Problematik. Diese Einsicht ist entscheidend, da sie es den Beteiligten ermöglicht, die Konflikte nicht nur an der Oberfläche zu behandeln, sondern die Wurzeln des Problems zu verstehen.

Dieser tiefere Verständnisprozess kann zu einem Gefühl der Erleichterung und Klärung führen, da die Beteiligten erkennen, dass viele ihrer Konflikte auf Missverständnissen beruhen, die leicht behoben werden können. Wenn Konflikte klarer verstanden werden, können auch Lösungen entwickelt werden, die für alle Beteiligten akzeptabel sind. Diese Art der Klärung ist nicht nur für die unmittelbare Konfliktsituation von Bedeutung; sie trägt auch dazu bei, ähnliche Konflikte in der Zukunft zu vermeiden.

Indem die Beteiligten lernen, wie sie Konflikte konstruktiv ansprechen und lösen können, wird eine Kultur des offenen Dialogs und des Vertrauens gefördert. Dies kann dazu beitragen, dass zukünftige Missverständnisse frühzeitig erkannt und angegangen werden, bevor sie sich zu größeren Konflikten entwickeln.

Zusammenfassend lässt sich sagen, dass die Konfliktklärung ein unverzichtbarer Bestandteil der konfrontativen Arbeit ist. Sie ermöglicht es den Beteiligten, nicht nur die Symptome ihrer Konflikte zu erkennen, sondern auch die tiefer liegenden Ursachen zu verstehen, was zu nachhaltigeren und gesünderen zwischenmenschlichen Beziehungen führt.

2. **Förderung von Empathie**: Ein weiteres wichtiges Ziel der konfrontativen Arbeit ist die Förderung von Empathie, die als grundlegende Fähigkeit betrachtet werden kann, um zwischenmenschliche Beziehungen zu stärken und Konflikte konstruktiv zu lösen. Empathie ist die Fähigkeit, sich in die Gefühle, Gedanken und Perspektiven anderer hineinzuversetzen und deren Erfahrungen nachzuvollziehen. In einem Konfliktkontext ist es entscheidend, dass alle Beteiligten die Möglichkeit erhalten, ihre Sichtweisen darzulegen. Dies schafft nicht nur eine Atmosphäre des Respekts, sondern eröffnet auch den Raum für ein tieferes Verständnis der unterschiedlichen Standpunkte.

Wenn Menschen ihre Perspektiven teilen, geschieht oft etwas Bedeutungsvolles: Die anderen Beteiligten haben die Gelegenheit, die Hintergründe und Motivationen für bestimmte Handlungen und Aussagen zu verstehen. Dies kann durch aktive Zuhörtechniken unterstützt werden, bei denen Zuhörer nicht nur passiv die Worte hören, sondern auch versuchen, die Emotionen und Gedanken hinter den Aussagen zu erfassen. Solche Techniken könnten beispielsweise das Zusammenfassen der gehörten Informationen oder das Stellen von klärenden Fragen umfassen, um sicherzustellen, dass das Gehörte richtig verstanden wurde.

Durch diese Vertiefung des Verständnisses wird Empathie entwickelt und gestärkt. Wenn Menschen die Herausforderungen und Sichtweisen anderer erkennen, entsteht ein Gefühl der Verbundenheit und des Mitgefühls. Diese emotionale Verbindung ist entscheidend, da sie das Miteinander oft harmonischer und respektvoller gestaltet. Anstatt in einen defensiven Modus zu verfallen oder sich in ihren eigenen Perspektiven zu verkriechen, werden die Beteiligten ermutigt, sich auf die Emotionen und Bedürfnisse des anderen einzulassen. Diese Form der Kommunikation baut Barrieren ab und fördert eine offene, ehrliche Auseinandersetzung mit den Konflikten.

Die Förderung von Empathie hat weitreichende positive Auswirkungen, die über die unmittelbare Konfliktlösung hinausgehen. Empathie trägt nicht nur zur Deeskalation von Spannungen bei, sondern stärkt auch die sozialen Bindungen zwischen den Beteiligten. Wenn Menschen verstehen, durch welche Schwierigkeiten andere gehen, und wenn sie die Emotionen, die diese Schwierigkeiten hervorrufen, nachvollziehen können, wird das Gefühl der Isolation verringert. Stattdessen wird ein Gefühl der Gemeinschaft und des gemeinsamen Menschseins gefördert. Dies ist besonders wichtig in sozialen Gruppen, Teams oder Familien, wo das Verständnis füreinander entscheidend für die Stabilität und Harmonie der Beziehung ist.

Darüber hinaus kann die Förderung von Empathie in einem Konfliktkontext auch langfristige Veränderungen in der Art und Weise bewirken, wie Menschen miteinander umgehen. Wenn Empathie zur Norm wird, entwickeln Individuen ein größeres Bewusstsein für die Auswirkungen ihres Verhaltens auf andere. Dies führt zu einer Kultur, in der Rücksichtnahme und Verständnis im Vordergrund stehen, was zukünftige Konflikte weniger wahrscheinlich macht.

Die Förderung von Empathie ist nicht nur ein wichtiges Ziel der konfrontativen Arbeit ist, sondern auch eine zentrale Komponente für gesunde zwischenmenschliche Beziehungen. Durch das Verständnis der Perspektiven anderer wird nicht nur die unmittelbare Konfliktsituation verbessert, sondern es werden auch wertvolle soziale Bindungen gestärkt, die das Fundament für eine respektvolle und kooperative Interaktion bilden.

3. **Stärkung von Kommunikationsfähigkeiten**: Ein zentrales Element der konfrontativen Arbeit ist die Stärkung der Kommunikationsfähigkeiten der Teilnehmer. In Konfliktsituationen ist es von entscheidender Bedeutung, dass die Beteiligten in der Lage sind, ihre Gedanken und Gefühle auf eine klare, präzise und respektvolle Weise auszudrücken. Oft scheitern Gespräche und Dialoge daran, dass Missverständnisse durch unklare oder aggressive Ausdrucksweisen entstehen. Daher liegt ein wesentlicher Fokus der konfrontativen Arbeit darauf, den

Teilnehmern zu vermitteln, wie sie ihre Anliegen so formulieren können, dass sie sowohl verständlich als auch wertschätzend sind.

Die Schulung in effektiver Kommunikation umfasst verschiedene Aspekte. Zum einen lernen die Teilnehmer, ihre eigenen Bedürfnisse und Emotionen zu identifizieren und diese in Worte zu fassen. Hierbei ist es wichtig, dass sie lernen, "Ich-Botschaften" zu verwenden, anstatt den anderen zu beschuldigen oder zu kritisieren. Eine "Ich-Botschaft" könnte beispielsweise so formuliert sein: "Ich fühle mich überfordert, wenn ich nicht das Gefühl habe, dass meine Meinung gehört wird." Durch diese Art der Formulierung wird der Fokus auf die eigene Empfindung gelegt, was es dem Gegenüber erleichtert, empathisch zu reagieren, anstatt in eine defensive Haltung zu verfallen.

Ein weiterer wichtiger Aspekt der Kommunikationsschulung ist das aktive Zuhören. Aktives Zuhören bedeutet, dass die Teilnehmer nicht nur die Worte des anderen hören, sondern auch versuchen, die zugrunde liegenden Gefühle und Absichten zu verstehen. Dazu gehört, dass sie Blickkontakt halten, nicken und gegebenenfalls Rückfragen stellen, um Klarheit zu schaffen. Diese Techniken signalisieren dem Gesprächspartner, dass seine Perspektive wertgeschätzt wird und dass man bereit ist, sich mit seinen Gedanken und Gefühlen auseinanderzusetzen. Durch aktives Zuhören fühlen sich die Beteiligten ernst genommen und respektiert, was zu einer offeneren und kooperativeren Gesprächsatmosphäre führt.

Die Entwicklung dieser Kommunikationsfähigkeiten hat weitreichende positive Auswirkungen, die über die unmittelbare Konfliktbewältigung hinausgehen. Wenn die Teilnehmer lernen, effektiver zu kommunizieren, verbessern sie nicht nur ihre Fähigkeiten in der Konfliktbewältigung, sondern auch ihre allgemeinen Interaktionsfähigkeiten. Diese verbesserten Fähigkeiten können sich in verschiedenen Lebensbereichen zeigen – sei es im beruflichen Umfeld, in Freundschaften oder in familiären Beziehungen.

In der Arbeitswelt beispielsweise kann eine bessere Kommunikationsfähigkeit zu produktiveren Teamdynamiken und einer erhöhten Effizienz führen. Missverständnisse, die oft zu Spannungen und Konflikten führen, können durch klare und offene Kommunikation minimiert werden. In Freundschaften und familiären Beziehungen fördert die Fähigkeit, Konflikte konstruktiv zu lösen und empathisch zuzuhören, tiefere und vertrauensvollere Bindungen.

Darüber hinaus trägt die Stärkung der Kommunikationsfähigkeiten auch zur persönlichen Entwicklung der Teilnehmer bei. Sie gewinnen an Selbstbewusstsein, da sie lernen, ihre Gedanken und Gefühle klar zu artikulieren. Dies kann das Selbstwertgefühl stärken und die Fähigkeit fördern, auch in schwierigen Gesprächssituationen standhaft zu bleiben.

Die Stärkung von Kommunikationsfähigkeiten ist ein fundamentales Ziel der konfrontativen Arbeit. Durch das Erlernen klarer Ausdrucksweisen und aktiven Zuhörens werden nicht nur Konflikte effektiver gelöst, sondern auch die zwischenmenschlichen Beziehungen insgesamt verbessert. Die daraus resultierende positive Entwicklung kann weitreichende Auswirkungen auf das persönliche und berufliche Leben der Beteiligten haben und zu einem harmonischeren Miteinander führen.

4. **Reduzierung von Aggression**: Ein zentrales Ziel der konfrontativen Arbeit ist die Reduzierung von Aggression und der damit verbundenen Gewalt, die häufig aus ungelösten Konflikten resultiert. In vielen sozialen Kontexten, sei es in der Familie, am Arbeitsplatz oder in der Gemeinschaft, können Spannungen und ungelöste Differenzen dazu führen, dass Emotionen hochkochen und schließlich in aggressive Handlungen umschlagen. Oft geschieht dies, weil die betroffenen Personen nicht die Gelegenheit oder die Fähigkeiten haben, ihre Konflikte offen und konstruktiv zu besprechen. Die konfrontative Arbeit zielt darauf ab, diese Dynamik zu durchbrechen und einen Raum zu schaffen, in dem Konflikte sicher und respektvoll angesprochen werden können.

Ein wesentlicher Bestandteil dieser Herangehensweise besteht darin, den Teilnehmern zu vermitteln, wie wichtig es ist, Spannungen frühzeitig zu erkennen und anzusprechen. Wenn Konflikte im Keim erstickt werden, während sie noch handhabbar sind, wird das Risiko einer Eskalation erheblich verringert. Die konfrontative Arbeit bietet den Beteiligten Werkzeuge und Techniken, um ihre Gefühle und Bedürfnisse auszudrücken, ohne in ein aggressives oder verletzendes Verhalten zu verfallen. Hierbei lernen sie, die eigenen Emotionen zu regulieren und ihre Kommunikationsweise so zu gestalten, dass sie deeskalierend wirkt.

Darüber hinaus wird den Teilnehmern beigebracht, die Anzeichen von aufkommender Aggression bei sich selbst und anderen zu erkennen. Das Bewusstsein für diese Anzeichen ist entscheidend, um rechtzeitig gegenzusteuern. Wenn beispielsweise jemand anfängt, laut zu werden oder aggressiv zu gestikulieren, kann dies ein Signal sein, dass der Konflikt weiter eskalieren könnte. Durch die Schulung in der Wahrnehmung solcher Verhaltensweisen können die Teilnehmer lernen, in solchen Momenten zu intervenieren, sei es durch eine Verlangsamung des Gesprächstempos, durch das Einbringen von beruhigenden Techniken oder durch das bewusste Schaffen von Pausen, um die Emotionen abklingen zu lassen.

Ein weiterer wichtiger Aspekt der Reduzierung von Aggression ist die Förderung von Empathie und Verständnis. Wenn Menschen in der Lage sind, sich in die Perspektive des anderen hineinzuversetzen, verringert sich die Wahrscheinlichkeit, dass sie aggressiv reagieren. Empathie hilft, die menschlichen Bedürfnisse hinter den Konflikten zu erkennen und kann dazu beitragen, eine gemeinsame Basis zu finden. In einem solchen Umfeld ist es weniger wahrscheinlich, dass die Beteiligten in einen defensiven oder aggressiven Modus verfallen, da sie sich verstanden und respektiert fühlen.

Die konfrontative Arbeit hat zudem einen präventiven Charakter, der über die unmittelbare Konfliktbewältigung hinausgeht und zu einer langfristigen Reduzierung von Aggression in der Gemeinschaft beiträgt. Indem die Teilnehmer lernen, Konflikte konstruktiv zu lösen, fördern sie eine Kultur des Dialogs und der offenen Kommunikation. Diese Kultur kann sich positiv auf die gesamte

Gemeinschaft auswirken, indem sie ein Umfeld schafft, in dem Menschen ermutigt werden, Konflikte offen anzusprechen, anstatt sie zu ignorieren oder zu verdrängen.

Zudem kann die Reduzierung von Aggression durch konfrontative Arbeit auch positive Auswirkungen auf das allgemeine Wohlbefinden der Beteiligten haben. Menschen, die in der Lage sind, ihre Konflikte konstruktiv zu bearbeiten, erleben weniger Stress und sind emotional stabiler. Dies führt nicht nur zu einer besseren Lebensqualität für den Einzelnen, sondern kann auch die sozialen Beziehungen in ihrem Umfeld stärken.

Zusammenfassend lässt sich sagen, dass die Reduzierung von Aggression ein zentrales Ziel der konfrontativen Arbeit ist, das durch die Schaffung eines sichereren und respektvollen Rahmens für die Konfliktbearbeitung erreicht wird. Durch die frühzeitige Identifikation von Spannungen, die Förderung einer empathischen Kommunikation und die Entwicklung von Fähigkeiten zur Konfliktbewältigung tragen die Teilnehmer nicht nur zur Deeskalation aktueller Konflikte bei, sondern leisten auch einen wertvollen

Beitrag zum systemischen Gewaltschutztraining in ihrer Gemeinschaft. In diesem Sinne ist die konfrontative Arbeit ein wichtiger Schritt hin zu einem harmonischeren und friedlicheren Miteinander.

5. **Langfristige Beziehungspflege**: Ein wesentlicher Aspekt der konfrontativen Arbeit ist die Förderung der langfristigen Pflege von Beziehungen. In einer Welt, in der Konflikte oft unvermeidlich sind, ist es entscheidend, dass Menschen lernen, wie sie diese Konflikte nicht nur lösen, sondern auch als Gelegenheit zur Stärkung ihrer Beziehungen nutzen können. Wenn Menschen gemeinsam an der Lösung von Konflikten arbeiten, entsteht ein Gefühl der Gemeinschaft und des Verständnisses, das über die unmittelbare Situation hinausgeht.

Das Konzept der Beziehungspflege im Rahmen der konfrontativen Arbeit basiert auf der Idee, dass jeder Konflikt auch das Potenzial für Wachstum und Entwicklung birgt. Wenn die Beteiligten lernen, ihre Differenzen offen und ehrlich zu besprechen, bauen sie nicht nur Lösungen für die aktuellen Probleme, sondern auch eine tiefere Verbindung zueinander auf.

Diese Erfahrungen können dazu führen, dass Vertrauen und Respekt wachsen, da die Teilnehmer erleben, dass ihre Meinungen und Gefühle ernst genommen werden. Diese positive Dynamik fördert ein Umfeld, in dem die Menschen eher bereit sind, sich verletzlich zu zeigen und authentische Beziehungen einzugehen.

Ein weiterer wichtiger Aspekt der langfristigen Beziehungspflege ist die Entwicklung von Kommunikations- und Problemlösungsfähigkeiten. Wenn Menschen lernen, wie sie konstruktiv miteinander kommunizieren können, sind sie besser gerüstet, um zukünftige Konflikte zu bewältigen. Diese Fähigkeiten beinhalten nicht nur die Fähigkeit, eigene Bedürfnisse und Bedenken zu äußern, sondern auch die Fähigkeit, aktiv zuzuhören und die Perspektiven anderer zu verstehen. Je mehr Erfahrung die Beteiligten in der konstruktiven Konfliktbewältigung sammeln, desto sicherer werden sie im Umgang miteinander, was letztlich zu einer stabileren und harmonischeren Beziehung führt.

Darüber hinaus hat die Fähigkeit, Konflikte erfolgreich zu bewältigen, positive Auswirkungen auf das gesamte Beziehungsnetzwerk der Beteiligten. Menschen, die gelernt haben, konstruktiv mit Konflikten umzugehen, sind oft besser in der Lage, in anderen Lebensbereichen, sei es in Freundschaften, familiären Beziehungen oder am Arbeitsplatz, ähnliche Herausforderungen zu meistern. Sie entwickeln eine resiliente Haltung, die es ihnen ermöglicht, mit Stress und Spannungen umzugehen, ohne dass dies zu destruktivem Verhalten führt.

Ein weiterer Aspekt der langfristigen Beziehungspflege ist die Förderung von Empathie und Verständnis. In einer konfrontativen Umgebung, in der Menschen lernen, die Perspektive des anderen zu verstehen, wird die Fähigkeit zur Empathie gestärkt. Diese Empathiefähigkeit trägt dazu bei, Missverständnisse zu reduzieren und das Gefühl der Gemeinsamkeit zu fördern. Wenn Menschen erkennen, dass ihre Erfahrungen und Emotionen von anderen geteilt werden, wird das Band zwischen ihnen gestärkt, was zu einer tieferen, nachhaltigeren Beziehung führt.

Letztlich trägt die langfristige Pflege von Beziehungen auch zur Schaffung eines positiven sozialen Umfelds bei. In Gemeinschaften, in denen Menschen gut miteinander umgehen und Konflikte konstruktiv lösen, entsteht eine Atmosphäre des Respekts und der Unterstützung. Dies kann nicht nur die Lebensqualität der Einzelnen verbessern, sondern auch das gesamte Gemeinschaftsgefühl stärken, indem es die Zusammenarbeit und den Zusammenhalt fördert.

Die konfrontative Arbeit zielt nicht nur darauf ab, akute Konflikte zu lösen, sondern auch die Grundlage für langfristige Beziehungspflege zu schaffen. Durch die Förderung von Vertrauen, Respekt und empathischer Kommunikation entwickeln die Beteiligten nicht nur eine tiefere Verbindung zueinander, sondern stärken auch ihre Fähigkeit, zukünftige Herausforderungen gemeinsam zu meistern. Diese Art der Beziehungspflege ist besonders wertvoll, da sie nicht nur die individuellen Beziehungen verbessert, sondern auch zu einem harmonischeren und unterstützenderen sozialen Umfeld beiträgt.

Methoden und Inhalte

In der konfrontativen Arbeit gibt es eine Vielzahl von Methoden, die eingesetzt werden können, um Konflikte zu bearbeiten und die Kommunikation zu fördern. Diese Methoden sind flexibel und können je nach spezifischem Kontext und Zielgruppe angepasst werden, um die bestmöglichen Ergebnisse zu erzielen. Im Folgenden werden einige der am häufigsten verwendeten Methoden näher erläutert:

1. Rollenspiele

Rollenspiele sind eine effektive Methode, um Konfliktsituationen nachzustellen und den Teilnehmern zu helfen, verschiedene Perspektiven zu verstehen. Bei dieser Methode schlüpfen die Teilnehmer in unterschiedliche Rollen, die entweder ihre eigenen Positionen oder die von anderen Beteiligten darstellen. Dies ermöglicht es ihnen, die Gedanken, Gefühle und Motivationen der anderen zu erkennen, was oft zu einem tieferen Verständnis der zugrunde liegenden Konfliktdynamiken führt.

Durch die Simulation von Konfliktsituationen können die Teilnehmer neue Lösungsansätze entwickeln, die sie in der realen Welt möglicherweise nicht in Betracht gezogen hätten. Rollenspiele fördern nicht nur das empathische Verständnis, sondern bieten auch die Möglichkeit, Kommunikationsfähigkeiten in einem geschützten Rahmen zu üben. Zudem können sie helfen, die eigene Position zu reflektieren und die Auswirkungen des eigenen Verhaltens auf andere zu erkennen. Nach einem Rollenspiel ist es oft hilfreich, eine Nachbesprechung durchzuführen, in der die Teilnehmer ihre Erfahrungen und Einsichten teilen können.

2. Gruppendiskussionen

Gruppendiskussionen sind eine weitere zentrale Methode in der konfrontativen Arbeit. In moderierten Diskussionen haben alle Beteiligten die Möglichkeit, ihre Sichtweise darzulegen und ihre Meinungen zu teilen. Der Moderator spielt eine entscheidende Rolle, da er sicherstellt, dass jeder Teilnehmer gehört wird und die Diskussion respektvoll bleibt.

Durch den Austausch von Ideen und Perspektiven können Missverständnisse geklärt und gemeinsame Lösungen erarbeitet werden. Eine gute Moderation ist dabei entscheidend, um die Diskussion fokussiert und konstruktiv zu halten. Der Moderator kann Techniken wie aktives Zuhören oder das Wiederholen wichtiger Punkte einsetzen, um sicherzustellen, dass alle Stimmen Gehör finden und die Teilnehmer sich respektiert fühlen.

Gruppendiskussionen können auch dazu beitragen, ein Gefühl der Gemeinschaft zu schaffen, da die Teilnehmer erkennen, dass sie nicht allein mit ihren Erfahrungen sind. Dies kann das Vertrauen untereinander stärken und den Zusammenhalt innerhalb der Gruppe fördern.

3. Feedback-Runden

Feedback-Runden sind eine wertvolle Methode, um die Kommunikation innerhalb einer Gruppe zu fördern und Probleme frühzeitig zu identifizieren. In regelmäßigen

Abständen haben die Teilnehmer die Gelegenheit, einander Rückmeldungen zu ihrem Verhalten und den Auswirkungen auf die Gruppe zu geben.

Diese Rückmeldungen können sowohl positiv als auch konstruktiv kritisch sein und sollten in einem respektvollen Rahmen gegeben werden. Durch das Teilen von Feedback lernen die Teilnehmer, wie ihr Verhalten von anderen wahrgenommen wird, und können so an ihrer persönlichen Entwicklung arbeiten. Feedback-Runden fördern nicht nur die Selbstreflexion, sondern helfen auch, ein offenes und transparentes Kommunikationsklima zu schaffen.

Um die Effektivität von Feedback-Runden zu maximieren, ist es wichtig, klare Regeln für das Geben und Empfangen von Feedback zu etablieren. Dies kann beispielsweise beinhalten, dass Rückmeldungen konkret und sachlich formuliert werden und dass die Teilnehmer sich auf Verhaltensweisen konzentrieren, nicht auf persönliche Angriffe.

4. Konfliktmediation

Die Konfliktmediation ist ein strukturierter Prozess, in dem ein neutraler Dritter, der als Mediator fungiert, die Kommunikation zwischen den Konfliktparteien erleichtert. Der Mediator hat die Aufgabe, eine sichere und respektvolle Umgebung zu schaffen, in der die Beteiligten offen über ihre Anliegen sprechen können.

Die Rolle des Mediators ist es, die Diskussion zu lenken, indem er Fragen stellt, die zum Nachdenken anregen, und die Teilnehmer ermutigt, die Perspektiven des anderen zu verstehen. Mediatoren helfen auch dabei, Missverständnisse auszuräumen und festgefahrene Positionen zu lockern, sodass die Konfliktparteien gemeinsam nach Lösungen suchen können.

Ein wichtiger Aspekt der Konfliktmediation ist die Vertraulichkeit, die es den Beteiligten ermöglicht, sich ohne Angst vor negativen Konsequenzen auszudrücken. Der Mediator sorgt dafür, dass die Gespräche konstruktiv bleiben und dass die Beteiligten sich auf die Lösung des Konflikts konzentrieren, anstatt in persönliche Angriffe oder Vorwürfe zu verfallen.

Die konfrontative Arbeit zielt darauf ab, die Kommunikation zu verbessern, das Verständnis zwischen den Beteiligten zu fördern und konstruktive Lösungen für Konflikte zu entwickeln. Durch die Anpassung dieser Methoden an den jeweiligen Kontext und die Zielgruppe können die Teilnehmer nicht nur ihre Konflikte erfolgreich bewältigen, sondern auch ihre Beziehungen langfristig stärken.

Um konfrontative Methoden effektiv umzusetzen, sind einige praktische Ansätze hilfreich. Diese Ansätze tragen dazu bei, eine konstruktive Atmosphäre zu schaffen und die Wahrscheinlichkeit erfolgreicher Konfliktlösungen zu erhöhen. Im Folgenden werden diese Ansätze ausführlicher erläutert:

1. Schaffung eines sicheren Raums

Ein geschützter Raum ist die Grundlage für eine erfolgreiche konfrontative Arbeit. Hierbei handelt es sich nicht nur um einen physischen Raum, sondern auch um eine psychologische Umgebung, in der sich alle Beteiligten wohl und sicher fühlen. Um einen solchen Raum zu schaffen, sollte auf folgende Aspekte geachtet werden:

- **Vertraulichkeit:** Es ist wichtig, dass alle Teilnehmer wissen, dass das, was in diesem Raum besprochen wird, vertraulich bleibt. Dies ermutigt sie, offen über ihre Gedanken und Gefühle zu sprechen, ohne Angst vor negativen Konsequenzen in ihrem sozialen oder beruflichen Umfeld.

- **Emotionale Sicherheit:** Der Raum sollte so gestaltet sein, dass jeder Teilnehmer das Gefühl hat, respektiert und wertgeschätzt zu werden. Dies kann durch die Förderung von Empathie und aktives Zuhören erreicht werden, sodass jeder die Möglichkeit hat, seine Sichtweise zu äußern, ohne unterbrochen oder kritisiert zu werden.

- **Offenheit für unterschiedliche Meinungen:** Die Teilnehmer sollten ermutigt werden, unterschiedliche Perspektiven zu teilen. Dies fördert ein Klima der Offenheit und Ehrlichkeit, das für die Bearbeitung von Konflikten unerlässlich ist.

2. Klare Regeln und Erwartungen

Bevor die konfrontative Arbeit beginnt, sollten klare Regeln und Erwartungen festgelegt werden, um den respektvollen Umgang miteinander zu gewährleisten. Dies kann folgende Punkte umfassen:

- **Respektvolle Kommunikation:** Teilnehmer sollten sich darauf verpflichten, respektvoll miteinander umzugehen. Dazu gehört, dass persönliche Angriffe, Unterbrechungen oder abwertende Kommentare vermieden werden. Ein „Ich-Botschaften"-Ansatz kann helfen, die eigene Perspektive zu vermitteln, ohne den anderen anzugreifen.

- **Aktives Zuhören:** Alle Teilnehmer sollten sich verpflichten, aktiv zuzuhören. Dies bedeutet, dass sie den Sprecher vollständig hören und verstehen wollen, bevor sie ihre eigene Meinung äußern. Techniken wie das Paraphrasieren oder das Zusammenfassen der Aussagen anderer können hierbei hilfreich sein.

- **Konstruktive Kritik:** Die Regeln sollten auch den Umgang mit Kritik regeln. Konstruktive Kritik sollte geäußert werden, um den anderen zu unterstützen, anstatt ihn herabzusetzen.

Dies fördert eine positive Atmosphäre, in der Lernen und Wachstum möglich sind.

3. Vorbereitung der Teilnehmer

Eine angemessene Vorbereitung der Teilnehmer ist entscheidend, um die Effektivität der konfrontativen Arbeit sicherzustellen. Dies kann durch folgende Maßnahmen erreicht werden:

- **Zielklärung:** Die Teilnehmer sollten über die Ziele der konfrontativen Arbeit informiert werden. Sie müssen verstehen, was sie erreichen möchten, sei es die Lösung eines spezifischen Konflikts oder die Verbesserung der Teamdynamik.

- **Einführung in die Methoden:** Um Unsicherheiten abzubauen, sollten die Teilnehmer in die verwendeten Methoden eingeführt werden. Schulungen oder Workshops zur Verbesserung der Kommunikations- und Konfliktlösungsfähigkeiten können hilfreich sein. Hierbei können Techniken wie das aktive Zuhören, das Führen von Gesprächen oder das Verhandeln von Lösungen vermittelt werden.

- **Erwartungen an die Teilnahme:** Die Teilnehmer sollten auch darüber informiert werden, was von ihnen erwartet wird. Dazu gehört, dass sie bereit sind, sich aktiv am Prozess zu beteiligen und offen für Veränderungen zu sein.

4. Nachhaltige Begleitung

Die Unterstützung der Teilnehmer nach den konfrontativen Sitzungen ist wichtig, um den Prozess nachhaltig zu gestalten. Dies kann durch folgende Maßnahmen geschehen:

- **Nachbesprechungen:** Regelmäßige Nachbesprechungen bieten den Teilnehmern die Möglichkeit, ihre Erfahrungen zu reflektieren und über das, was sie gelernt haben, zu sprechen. Diese Besprechungen können auch dazu genutzt werden, um etwaige offene Fragen zu klären und den Fortschritt zu bewerten.

- **Weitere Workshops:** Die Bereitstellung von weiteren Workshops oder Schulungen kann den Teilnehmern helfen, ihre Fähigkeiten in der Konfliktlösung und Kommunikation weiter zu entwickeln. Dies stärkt nicht nur ihre individuellen Fähigkeiten, sondern auch die Teamdynamik.

- **Individuelle Unterstützung:** Einige Teilnehmer benötigen möglicherweise individuelle Unterstützung, um persönliche Herausforderungen zu bewältigen. Dies kann durch Coaching oder Mentoring erfolgen, das auf ihre spezifischen Bedürfnisse zugeschnitten ist.

5. Evaluation der Ergebnisse

Eine regelmäßige Evaluation der konfrontativen Arbeit ist entscheidend, um den Fortschritt zu messen und gegebenenfalls Anpassungen vorzunehmen. Folgende Aspekte sind hierbei wichtig:

- **Feedback einholen:** Es sollte aktiv Feedback von den Teilnehmern eingeholt werden, um ihre Erfahrungen und Wahrnehmungen zu verstehen. Dies kann durch Umfragen, Interviews oder Gruppendiskussionen geschehen. Es ist wichtig, dass die Teilnehmer sich sicher fühlen, ehrliches Feedback zu geben.

- **Fortschritt messen:** Die Evaluation sollte auch messbare Kriterien umfassen, um den Fortschritt zu bewerten. Dazu könnten Faktoren wie die Verbesserung der Kommunikation, die Reduzierung von

Konflikten oder die Zufriedenheit der
Teilnehmer gehören.

- **Anpassungen vornehmen:** Basierend auf dem
  erhaltenen Feedback sollten gegebenenfalls
  Anpassungen an den Methoden oder dem
  Prozess vorgenommen werden. Dies zeigt den
  Teilnehmern, dass ihre Meinungen
  wertgeschätzt werden und dass der Prozess
  dynamisch und anpassungsfähig ist.

Durch die Umsetzung dieser praktischen Ansätze
können konfrontative Methoden nicht nur effektiver,
sondern auch nachhaltiger gestaltet werden. Dies
trägt dazu bei, ein positives und produktives Umfeld
zu schaffen, in dem Konflikte konstruktiv bearbeitet
werden können.

Kapitel 4: Rahmenbedingungen für das Training

In diesem Kapitel werden die grundlegenden Rahmenbedingungen für ein effektives Training im Bereich systemischen Gewaltschutz und Konfliktbewältigung behandelt. Die Schaffung eines klaren Rahmens für das Training ist entscheidend, um eine produktive Lernumgebung zu fördern. Dabei spielen die Regeln und Konsequenzen, der Unterschied zwischen Drohung und Konsequenz sowie Handlungsstrategien in Fällen, in denen Regeln nicht funktionieren, eine zentrale Rolle.

Regeln und Konsequenzen

Die Etablierung klarer Regeln und Konsequenzen ist von grundlegender Bedeutung für jedes Training, das sich mit systemischen Gewaltschutz befasst. Ein gut strukturierter Rahmen hilft den Teilnehmern nicht nur, zu verstehen, was von ihnen erwartet wird, sondern fördert auch ein respektvolles und unterstützendes Lernumfeld. Hier sind einige wesentliche Aspekte, die bei der Schaffung dieses Rahmens berücksichtigt werden sollten:

Transparente Regelsetzung

Ein zentraler Punkt in der Regelsetzung ist die Transparenz. Zu Beginn des Trainings sollten alle Teilnehmer mit den Regeln vertraut gemacht werden. Dies geschieht idealerweise in einer offenen Diskussion, in der die Teilnehmer die Möglichkeit haben, Fragen zu stellen und ihre Bedenken zu äußern. Es ist wichtig, dass die Regeln klar formuliert und leicht verständlich sind, damit keine Missverständnisse entstehen. Eine Regel könnte beispielsweise lauten: „Respektiere die Meinungen anderer, auch wenn du nicht einverstanden bist."

Die Verwendung positiver Formulierungen ist ebenfalls entscheidend, um ein konstruktives Klima zu fördern. Anstatt zu sagen: „Sei nicht unhöflich", könnte die Regel lauten: „Sei freundlich und unterstützend im Umgang miteinander." Durch diese positive Formulierung wird eine Kultur des Respekts und der Unterstützung angeregt. Darüber hinaus sollten die Regeln in schriftlicher Form bereitgestellt werden, sodass die Teilnehmer jederzeit darauf zurückgreifen können. Dies kann auch helfen, die Einhaltung der Regeln zu fördern, da sie als ständige Erinnerung dienen.

Konsequenzen bei Regelverstößen

Neben der Festlegung von Regeln ist es ebenso wichtig, die Konsequenzen für Regelverstöße klar zu definieren. Diese Konsequenzen sollten fair, nachvollziehbar und angemessen sein, damit die Teilnehmer die Relevanz und Wichtigkeit der Regeln erkennen. Eine gut durchdachte Konsequenz könnte beispielsweise sein, dass bei wiederholtem Missachten der Regeln eine kurze Auszeit genommen wird, um die Situation zu klären. Alternativ könnte ein Gespräch mit dem Trainer stattfinden, um das Verhalten in einem unterstützenden Rahmen zu reflektieren.

Wichtig ist, dass die Konsequenzen nicht als Strafe wahrgenommen werden, sondern als Möglichkeit, aus Fehlern zu lernen. Dies erfordert ein sensibles Vorgehen seitens des Trainers, der darauf achten sollte, dass die Teilnehmer nicht beschämt oder demotiviert werden. Stattdessen sollte der Fokus auf der Förderung des Lernens liegen. Ein gutes Beispiel könnte sein: „Ich habe bemerkt, dass du Schwierigkeiten hast, die Regel des Respekts einzuhalten. Lass uns darüber sprechen, wie wir das gemeinsam verbessern können."

Auf diese Weise wird eine Atmosphäre geschaffen, in der die Teilnehmer das Gefühl haben, dass ihre Entwicklung und ihr Wohlbefinden im Mittelpunkt stehen.

Positive Verstärkung

Neben negativen Konsequenzen ist es von großer Bedeutung, positive Verstärkungen zu nutzen, um erwünschtes Verhalten zu fördern. Positive Verstärkung kann in Form von Lob oder Anerkennung für respektvolles Verhalten während des Trainings erfolgen. Wenn ein Teilnehmer die Regel der respektvollen Kommunikation einhält, könnte der Trainer dies hervorheben und sagen: „Ich schätze es sehr, wie respektvoll du mit den anderen Teilnehmern umgegangen bist. Das schafft eine großartige Atmosphäre für uns alle."

Diese Art der positiven Bestärkung trägt dazu bei, ein unterstützendes und motivierendes Umfeld zu schaffen, in dem die Teilnehmer ermutigt werden, sich aktiv und respektvoll einzubringen. Es ist wichtig, dass die positive Verstärkung regelmäßig erfolgt und nicht nur sporadisch eingesetzt wird. Dadurch wird das Verhalten der Teilnehmer kontinuierlich gefördert und es entsteht ein Gefühl der Zugehörigkeit und des Engagements innerhalb der Gruppe.

Die Schaffung eines klaren Rahmens durch Regeln und Konsequenzen ist entscheidend für die Förderung eines produktiven Lernumfelds. Ein solcher Rahmen minimiert das Risiko von Konflikten während des Trainings und ermöglicht es den Teilnehmern, sich voll und ganz auf die Inhalte zu konzentrieren. Durch transparente Regelsetzung, faire und nachvollziehbare Konsequenzen sowie positive Verstärkung wird ein Klima der Offenheit und des Respekts gefördert. Dies ermutigt alle Teilnehmer, aktiv am Lernprozess teilzunehmen und die erlernten Strategien zum systemischen Gewaltschutz in ihrem Alltag anzuwenden. Ein gut strukturierter Rahmen ist somit der Schlüssel zu einem erfolgreichen Training, das auf die Bedürfnisse und das Wohl der Teilnehmer ausgerichtet ist.

Drohung vs. Konsequenz

Ein zentraler Aspekt in der Verhaltenssteuerung ist der Unterschied zwischen Drohung und Konsequenz. Beide Konzepte können das Verhalten von Teilnehmern in einem Training beeinflussen, jedoch auf sehr unterschiedliche Weise. Während Drohungen oft aus einem Gefühl der Machtlosigkeit oder Frustration resultieren, sind Konsequenzen Teil eines strukturierten Rahmens, der darauf abzielt, das Verhalten zu lenken und zu verbessern. Es ist wichtig, diesen Unterschied zu verstehen, um eine positive und effektive Lernumgebung zu schaffen.

Drohungen

Drohungen sind häufig emotional aufgeladen und basieren oft auf einer reaktiven Haltung. Sie entstehen häufig aus Momenten der Frustration, wenn Trainer oder Moderatoren das Gefühl haben, die Kontrolle über die Gruppe zu verlieren. Drohungen können in Form von ultimativen Forderungen oder Warnungen ausgesprochen werden, die den Teilnehmern signalisieren, dass es ernsthafte negative Folgen geben könnte, wenn sie sich nicht an die Erwartungen halten. Ein Beispiel für eine Drohung könnte sein: „Wenn ihr nicht aufhört zu reden, werden wir die Sitzung abbrechen."

Solche Aussagen können zu einem Gefühl der Angst und Unsicherheit führen. Teilnehmer könnten sich unter Druck gesetzt fühlen, was zu Widerstand oder sogar zu passivem Verhalten führen kann. Anstatt sich aktiv am Lernprozess zu beteiligen, könnten sie sich in eine defensive Haltung zurückziehen. Dies untergräbt nicht nur das Vertrauen zwischen Trainer und Teilnehmern, sondern kann auch die gesamte Gruppendynamik negativ beeinflussen. Ein Klima, das von Drohungen geprägt ist, hindert die Teilnehmer daran, offen zu kommunizieren oder sich aktiv in die Diskussion einzubringen. Sie könnten sich fragen, wie ihre Meinungen oder Fragen aufgenommen werden, und dies führt häufig zu einem Rückzug aus dem aktiven Lernprozess.

Darüber hinaus können Drohungen langfristige negative Auswirkungen auf die Beziehung zwischen Trainer und Teilnehmer haben. Teilnehmer, die sich bedroht fühlen, können das Vertrauen in den Trainer verlieren und die Motivation, sich aktiv am Training zu beteiligen, kann erheblich sinken. In einem Kontext, in dem systemischer Gewaltschutz und Konfliktlösung im Mittelpunkt stehen, ist dies besonders problematisch, da die Teilnehmer in einer unterstützenden und respektvollen Umgebung lernen sollten, wie sie Konflikte konstruktiv lösen können.

Konsequenzen

Im Gegensatz dazu sind Konsequenzen eine bewusste und strukturierte Reaktion auf das Verhalten der Teilnehmer. Sie sind in der Regel klar definiert und nachvollziehbar, was es den Teilnehmern erleichtert, die Erwartungen zu verstehen und die Gründe für die Konsequenzen nachzuvollziehen. Während Drohungen oft darauf abzielen, Angst zu erzeugen und Gehorsam zu erzwingen, sind Konsequenzen darauf ausgelegt, das Lernen zu fördern und die persönliche Entwicklung der Teilnehmer zu unterstützen. Eine angemessene Konsequenz könnte beispielsweise sein: „Wenn die Regel nicht eingehalten wird, müssen wir eine kurze Pause einlegen, um die Situation zu klären."

Diese Herangehensweise fördert ein respektvolles Miteinander und gibt den Teilnehmern die Möglichkeit, aus ihren Fehlern zu lernen. Die Konsequenzen sind nicht als Strafe gedacht, sondern als Chance zur Reflexion und Verbesserung. Diese konstruktive Rückmeldung trägt dazu bei, das Verständnis für die Regeln und deren Bedeutung zu vertiefen. Es wird ein Raum geschaffen, in dem die Teilnehmer die Gründe für die Regeln verstehen und erkennen können, wie ihr Verhalten die Gruppe beeinflusst.

Der Einsatz von Konsequenzen anstelle von Drohungen trägt dazu bei, eine positive Lernumgebung zu schaffen, die auf Vertrauen und Respekt basiert. In einem solchen Umfeld fühlen sich die Teilnehmer sicherer und sind eher bereit, sich aktiv am Training zu beteiligen. Dies ist besonders wichtig in einem Kontext, in dem systemisches Gewaltschutztraining und Konfliktlösung behandelt werden, da ein offenes Klima die Grundlage für konstruktive Diskussionen bildet. Die Teilnehmer können lernen, wie sie ihre eigenen Verhaltensweisen reflektieren und anpassen können, was wiederum zu einem besseren Verständnis für die Perspektiven anderer führt.

Insgesamt ist es entscheidend, dass Trainer und Moderatoren den Unterschied zwischen Drohung und Konsequenz erkennen und die passende Strategie wählen, um die Teilnehmer zu unterstützen und zu motivieren. Durch die Implementierung klarer und fester Konsequenzen anstelle von Drohungen können Trainer eine Atmosphäre schaffen, die Lernen und Wachstum fördert, anstatt Angst und Unsicherheit zu schüren. Dies ist nicht nur für die persönliche Entwicklung der Teilnehmer von Bedeutung, sondern auch für die Effektivität des gesamten Trainingsprogramms.

Was tun, wenn Regeln nicht funktionieren?

In jedem Training, insbesondere in solchen, die sich mit sensiblen Themen wie systemischen Gewaltschutztraining befassen, kann es vorkommen, dass die festgelegten Regeln nicht die gewünschte Wirkung zeigen oder dass bestimmte Teilnehmer Schwierigkeiten haben, sich an die vereinbarten Richtlinien zu halten. In solchen Fällen ist es entscheidend, Handlungsstrategien und Alternativen zu entwickeln, um die Effektivität des Trainings zu gewährleisten und die Teilnehmer aktiv in den Lernprozess einzubinden.

Reflexion und Anpassung der Regeln

Wenn die bestehenden Regeln nicht funktionieren, ist eine gründliche Reflexion über deren Wirksamkeit notwendig. Es gilt zu klären, ob die Regeln tatsächlich klar und verständlich formuliert sind. Fragen, die in diesem Kontext hilfreich sind, umfassen beispielsweise: „Sind die Regeln für alle Teilnehmer nachvollziehbar?" oder „Entsprechen die Regeln den spezifischen Bedürfnissen und Dynamiken der Gruppe?"

Diese Reflexion kann in Form einer offenen Diskussion innerhalb der Gruppe stattfinden, in der die Teilnehmer eingeladen werden, ihre Perspektiven und Erfahrungen zu teilen. Durch das Einholen von Feedback kann der Trainer wertvolle Einsichten gewinnen, die zur Anpassung der Regeln beitragen. Möglicherweise ist es nötig, die Regeln zu vereinfachen oder neu zu formulieren, um sicherzustellen, dass sie für alle verständlich und umsetzbar sind. Eine solche Anpassung sollte nicht als Schwäche, sondern als Zeichen von Flexibilität und Bereitschaft zur

Verbesserung der Lernumgebung gesehen werden.

Individuelle Gespräche

In Fällen, in denen bestimmte Teilnehmer Schwierigkeiten haben, sich an die Regeln zu halten, können individuelle Gespräche von großer Bedeutung sein. Diese Gespräche bieten die Möglichkeit, die spezifischen Hintergründe und Beweggründe des Verhaltens der Teilnehmer zu verstehen. In einem respektvollen und unterstützenden Dialog können Trainer Missverständnisse klären und gezielte Lösungen erarbeiten, die auf die individuellen Bedürfnisse der Teilnehmer abgestimmt sind.

Es ist wichtig, in diesen Gesprächen eine Atmosphäre des Vertrauens zu schaffen, in der sich die Teilnehmer sicher fühlen, ihre Gedanken und Sorgen zu äußern. Oftmals können persönliche Herausforderungen, wie Stress oder externe Probleme, das Verhalten in der Trainingssituation beeinflussen. Ein empathisches Zuhören und die Bereitschaft, gemeinsam an Lösungen zu arbeiten, können die Motivation der Teilnehmer stärken und das Gefühl der Zugehörigkeit zur Gruppe fördern.

Alternativen zur Regelsetzung

Manchmal kann es auch sinnvoll sein, alternative Ansätze zur Regelsetzung in Betracht zu ziehen. Anstatt von Beginn an strikte Regeln festzulegen, kann der Trainer einen partizipativen Ansatz wählen, bei dem die Teilnehmer aktiv in den Prozess der Regelentwicklung einbezogen werden. Dies könnte in Form von Gruppenübungen geschehen, in denen die Teilnehmer gemeinsam überlegen, welche Verhaltensweisen sie für die Gruppe als wertvoll erachten und welche Regeln notwendig sind, um ein positives Lernumfeld zu schaffen.

Ein solcher partizipativer Ansatz fördert das Gefühl der Eigenverantwortung unter den Teilnehmern. Wenn sie an der Erstellung der Regeln beteiligt sind, sind sie eher bereit, sich an diese zu halten, da sie die Regeln als Teil ihres eigenen Beitrags zur Gruppendynamik betrachten. Diese Eigenverantwortung kann auch das Engagement und die Motivation der Teilnehmer erhöhen, da sie das Gefühl haben, aktiv an der Gestaltung des Trainingsprozesses beteiligt zu sein.

Konfliktbewältigungsstrategien

Wenn Konflikte während des Trainings auftreten, ist es wichtig, einen klaren Plan zur Konfliktbewältigung zu haben. Dies könnte die Einführung von Techniken wie aktives Zuhören, Mediation oder Konfliktgespräche beinhalten. Ein strukturiertes Vorgehen ermöglicht es den Teilnehmern, konstruktiv mit Konflikten umzugehen und Lösungen zu finden, die für alle Beteiligten akzeptabel sind.

Aktives Zuhören bedeutet, den Standpunkt des anderen ohne Unterbrechung zu verstehen und zu respektieren. Es fördert ein Gefühl der Wertschätzung und des Respekts, was für die Konfliktlösung von entscheidender Bedeutung ist. Mediation kann als neutraler Prozess eingesetzt werden, der den Teilnehmern hilft, ihre Differenzen zu klären und zu einer gemeinsamen Lösung zu gelangen. Durch gezielte Konfliktgespräche, in denen die beteiligten Personen ihre Sichtweisen darlegen können, wird ein Raum geschaffen, in dem Verständnis und Kompromisse gefördert werden.

Die Fähigkeit, flexibel auf Herausforderungen zu reagieren und effektive Handlungsstrategien zu entwickeln, ist entscheidend für den Erfolg eines Trainings zum systemischen Gewaltschutz. Trainer sollten ein offenes Ohr für die Bedürfnisse und Sorgen der Teilnehmer haben und bereit sein, gemeinsam an Lösungen zu arbeiten. Durch die Förderung eines positiven und unterstützenden Lernumfelds können Trainer und Teilnehmer zusammenarbeiten, um die Grundlagen für eine effektive Gewaltprävention zu schaffen. Indem sie Herausforderungen als Chancen zur Weiterentwicklung betrachten, können alle Beteiligten voneinander lernen und wachsen.

Fazit

Die Rahmenbedingungen für das Training im Bereich systemischer Gewaltschutz sind entscheidend, um eine respektvolle und produktive Lernumgebung zu schaffen. Die Schaffung klarer Regeln und Konsequenzen, der Unterschied zwischen Drohung und Konsequenz sowie die Entwicklung von Handlungsstrategien für den Fall, dass Regeln nicht funktionieren, sind zentrale Elemente, die das Lernen und die persönliche Entwicklung der Teilnehmer unterstützen. Ein strukturiertes und unterstützendes Training trägt dazu bei, die Teilnehmer zu ermutigen, gewaltfreie Konfliktlösungsstrategien zu entwickeln und in ihrem Alltag anzuwenden.

Kapitel 5: Prävention und Intervention

Was ist Prävention?

Die Prävention ist ein zentraler Bestandteil von Strategien zur Gewaltvermeidung und Konfliktlösung. Sie umfasst Maßnahmen, die darauf abzielen, das Auftreten von Gewalt und aggressivem Verhalten zu verhindern, bevor diese auftreten. Prävention kann auf individueller, gesellschaftlicher und institutioneller Ebene stattfinden und verfolgt das Ziel, Risikofaktoren zu minimieren und Schutzfaktoren zu stärken.

Definition und Ansätze

Prävention ist ein vielschichtiges Konzept, das darauf abzielt, das Auftreten von Gewalt, Konflikten und anderen problematischen Verhaltensweisen zu verhindern. Sie wird häufig in drei Hauptkategorien unterteilt: primäre, sekundäre und tertiäre Prävention. Diese Kategorien sind nicht isoliert, sondern stehen in einem dynamischen Verhältnis zueinander und sollten idealerweise in einem umfassenden Präventionskonzept integriert werden.

Primäre Prävention

Die primäre Prävention ist der erste Schritt im Rahmen präventiver Maßnahmen. Ihr Hauptziel ist es,

Gewalt und Konflikte von vornherein zu verhindern, bevor sie entstehen. Dies geschieht durch die Identifikation und Verminderung von Risikofaktoren in der Gesellschaft. Zu den zentralen Elementen der primären Prävention gehören:

- **Bildung und Aufklärung**: Durch Bildungsprogramme, Workshops und Informationskampagnen können Menschen über die Ursachen und Folgen von Gewalt aufgeklärt werden. Bildung fördert das Verständnis für unterschiedliche Kulturen, Werte und Perspektiven und trägt somit zur Verringerung von Vorurteilen und Missverständnissen bei.

- **Soziale Unterstützung:** Die Schaffung eines starken sozialen Netzes kann entscheidend sein, um Risikofaktoren zu verringern. Dies kann durch die Förderung von Gemeinschaftsprojekten, Nachbarschaftshilfe und sozialen Diensten geschehen, die Menschen in schwierigen Lebenslagen unterstützen.

- **Stärkung von Schutzfaktoren**: Schutzfaktoren sind Eigenschaften oder Bedingungen, die das Risiko für gewalttätiges Verhalten verringern. Dazu gehört die Förderung von positiven

Beziehungen, emotionaler Intelligenz und Problemlösungsfähigkeiten bei Individuen, insbesondere bei Kindern und Jugendlichen.

Primäre Prävention ist besonders wirksam, wenn sie frühzeitig in der Lebensspanne eines Individuums ansetzt, um eine gesunde Entwicklung zu fördern und negative Einflüsse von vornherein zu minimieren.

Sekundäre Prävention

Die sekundäre Prävention richtet sich an spezifische Risikogruppen oder -individuen, die bereits Anzeichen von Gewalt oder Konflikten zeigen. Hierbei liegt der Fokus auf der frühzeitigen Identifikation und Intervention, um eine Eskalation von problematischen Verhaltensweisen zu verhindern. Wichtige Aspekte der sekundären Prävention sind:

- **Früherkennung von Risiken**: Durch gezielte Beobachtungen und Bewertungen können Anzeichen von Gewalt oder aggressivem Verhalten frühzeitig erkannt werden. Dies erfordert oft Schulungen für Fachkräfte, die mit Kindern, Jugendlichen oder gefährdeten Gruppen arbeiten.

- **Gezielte Interventionen**: Auf Basis der identifizierten Risiken können spezifische Maßnahmen ergriffen werden, um betroffene

Individuen zu unterstützen. Dies kann die
Bereitstellung von Beratungsdiensten,
psychologischen Interventionen oder
Gruppenangeboten umfassen, die auf die
Bedürfnisse der Betroffenen zugeschnitten
sind.

- **Stärkung von Resilienz:** Sekundäre
  Prävention zielt darauf ab, die
  Widerstandsfähigkeit der Betroffenen zu
  stärken. Dazu gehören das Training sozialer
  Kompetenzen, Konfliktlösungstechniken und
  positive Verhaltensmodifikationen, die helfen,
  gesunde Alternativen zu aggressivem
  Verhalten zu entwickeln.

Durch die Kombination von Früherkennung und
gezielter Unterstützung kann die sekundäre
Prävention dazu beitragen, dass sich problematische
Verhaltensweisen nicht weiter verstärken und die
Betroffenen eine positive Entwicklung durchlaufen.

Tertiäre Prävention

Die tertiäre Prävention befasst sich mit der Nachsorge
und Rehabilitation von Individuen, die bereits in
gewalttätige Konflikte verwickelt waren oder selbst
gewalttätiges Verhalten gezeigt haben. Ziel ist es,

Rückfälle zu vermeiden und gesunde Verhaltensweisen zu fördern. Hierzu gehören:

- **Rehabilitation und Therapie**: Programme zur Rehabilitation sind entscheidend, um Menschen, die bereits in Konflikte verwickelt waren, zu unterstützen. Diese Programme können therapeutische Maßnahmen, Gruppentherapien oder individuelle Beratung umfassen, um die zugrunde liegenden Ursachen des Verhaltens anzugehen.

- **Integration in die Gesellschaft**: Ein wichtiger Aspekt der tertiären Prävention ist die Reintegration von Personen, die in der Vergangenheit gewalttätig waren, in die Gesellschaft. Dies kann durch berufliche Ausbildungsprogramme, soziale Integration oder Unterstützungsnetzwerke erfolgen, die den Betroffenen helfen, ein stabiles und gewaltfreies Leben zu führen.

- **Monitoring und Nachsorge**: Um Rückfälle zu verhindern, ist es wichtig, ein System zur Nachverfolgung und Unterstützung der Betroffenen einzurichten. Dies kann regelmäßige Check-ins, Therapiefortschritte und die Bereitstellung von Ressourcen umfassen, die den Menschen helfen, in schwierigen Situationen nicht in alte Verhaltensmuster zurückzufallen.

Durch die Implementierung von tertiären präventiven Maßnahmen wird nicht nur den Betroffenen geholfen, sondern es wird auch ein wichtiger Beitrag zur allgemeinen Sicherheit und zum Wohlbefinden der Gesellschaft geleistet.

Die primäre, sekundäre und tertiäre Prävention sind eng miteinander verbunden und sollten in einem umfassenden Präventionskonzept integriert werden. Eine erfolgreiche Präventionsstrategie erfordert eine ganzheitliche Betrachtung, die alle drei Ansätze einbezieht, um langfristige und nachhaltige Lösungen zu entwickeln. Durch die Kombination von Bildungsmaßnahmen, gezielten Interventionen und Nachsorgestrategien kann eine effektive Prävention erreicht werden, die sowohl individuelle als auch gesellschaftliche Aspekte berücksichtigt.

Unterrichtsstörungen und deren Ursachen

Unterrichtsstörungen sind ein häufiges Phänomen in Schulen und stellen eine ernsthafte Herausforderung für Lehrkräfte dar. Sie beeinträchtigen nicht nur den Lernprozess der betroffenen Schüler, sondern auch den der gesamten Klasse. Um diese Störungen effektiv zu verstehen und ihnen entgegenzuwirken, ist es wichtig, die vielfältigen Ursachen zu analysieren, die zu solchem Verhalten führen können. Durch präventive Maßnahmen können Schulen gezielt auf diese Ursachen eingehen und eine positive Lernumgebung schaffen.

Soziale Faktoren

Soziale Faktoren spielen eine entscheidende Rolle bei der Entstehung von Unterrichtsstörungen. Beziehungen zwischen Schülern können sowohl positiv als auch negativ sein. Mobbing, beispielsweise, ist ein weit verbreitetes Problem, das erhebliche Auswirkungen auf das Verhalten und das Lernen von Schülern haben kann. Ein Schüler, der regelmäßig gemobbt wird, kann sich in der Schule unwohl fühlen, was zu Rückzug oder aggressivem Verhalten führen kann. Gruppenzwang ist ein weiterer sozialer Aspekt, der Schulverhalten beeinflusst. Schüler könnten versuchen, sich durch Störungen im Unterricht Anerkennung oder Zugehörigkeit zu einer Gruppe zu verschaffen. Auch familiäre Probleme, wie beispielsweise Scheidungen, finanzielle Schwierigkeiten oder emotionale Vernachlässigung, können das Verhalten von Schülern negativ beeinflussen. Schüler, die zu Hause unter Stress stehen, können im Klassenzimmer unkonzentriert oder reizbar sein, was zu Störungen führen kann.

Emotionale Faktoren

Emotionale Faktoren sind ein weiterer wesentlicher Aspekt, der zu Unterrichtsstörungen beiträgt. Schüler können mit verschiedenen Emotionen kämpfen, wie Angst, Wut oder Frustration, die sich in störendem Verhalten äußern können. Angst kann sich auf verschiedene Weisen manifestieren, beispielsweise als Prüfungsangst oder als allgemeine Unruhe in der Schule. Schüler, die sich in einem emotionalen Ausnahmezustand befinden, haben oft Schwierigkeiten, sich auf den Unterricht zu konzentrieren und zeigen möglicherweise impulsives Verhalten oder Störungen. Wut und Frustration, sei es aufgrund von schulischen Herausforderungen oder persönlichen Problemen, können ebenfalls dazu führen, dass Schüler sich unangebracht verhalten. Solche Emotionen können zu aggressivem Verhalten führen, wie Schreien, Unterbrechen oder sogar körperlichen Auseinandersetzungen mit Mitschülern oder Lehrern.

Kognitive Faktoren

Kognitive Faktoren sind ebenfalls maßgeblich für das Verhalten von Schülern im Unterricht verantwortlich. Lernschwierigkeiten, wie Dyslexie oder Dyskalkulie, können dazu führen, dass Schüler im Unterricht frustriert sind, was sich in Störungen äußern kann.

Wenn Schüler den Lernstoff nicht verstehen oder Schwierigkeiten haben, mit dem Tempo des Unterrichts Schritt zu halten, können sie das Gefühl haben, dass ihre Bedürfnisse nicht berücksichtigt werden, was zu Verhaltensauffälligkeiten führen kann. Zudem kann mangelnde Motivation eine bedeutende Rolle spielen. Schüler, die kein Interesse am Unterrichtsstoff haben oder den Nutzen des Lernens nicht erkennen, können sich schnell ablenken lassen und unruhig werden. Dies kann sich durch Störungen äußern, wie das Sprechen mit Mitschülern, das Verwenden von Handys oder das Herumspielen mit Gegenständen im Unterricht.

Präventive Maßnahmen

Um den verschiedenen Ursachen von Unterrichtsstörungen effektiv entgegenzuwirken, ist es entscheidend, präventive Maßnahmen zu entwickeln, die auf diese spezifischen Faktoren abgestimmt sind. Hierzu können verschiedene Strategien implementiert werden:

- **Schulungsprogramme für Lehrer**: Lehrer sollten in effektiven Klassenraum-Management-Techniken geschult werden. Solche Programme können den Lehrkräften Werkzeuge an die Hand geben, um das Verhalten ihrer Schüler besser zu steuern und ein positives Lernumfeld zu fördern. Dazu gehören Strategien zur Deeskalation von Konflikten, das Setzen von klaren Verhaltensregeln und das Fördern einer offenen Kommunikation, die es Schülern ermöglicht, ihre Probleme zu äußern.

- **Förderung eines positiven Schulklimas**: Eine positive Schulatmosphäre ist entscheidend für die Prävention von Unterrichtsstörungen. Schulen können Programme zur Förderung von Respekt, Toleranz und Empathie unter den Schülern einführen. Aktivitäten, die Teamarbeit und Gemeinschaftsgefühl fördern, können dazu beitragen, dass Schüler sich sicherer und akzeptierter fühlen. Ein gutes Schulklima kann auch die Wahrscheinlichkeit von Mobbing verringern und das allgemeine Wohlbefinden der Schüler steigern.

- **Individuelle Unterstützung für Schüler**: Schulen sollten Programme zur individuellen Unterstützung von Schülern mit besonderen Bedürfnissen implementieren. Dazu gehört die Bereitstellung von Ressourcen wie Schulpsychologen, Sozialarbeitern und spezialisierten Lehrkräften, die Schüler in emotionalen und sozialen Belangen unterstützen können. Durch gezielte Interventionen können Schüler mit Lernschwierigkeiten oder emotionalen Problemen besser unterstützt werden, was sich positiv auf ihr Verhalten im Unterricht auswirken kann.

Insgesamt erfordert die Bekämpfung von Unterrichtsstörungen eine umfassende und vielschichtige Herangehensweise, die sowohl die individuellen Bedürfnisse der Schüler als auch die sozialen und emotionalen Aspekte berücksichtigt. Durch präventive Maßnahmen, die auf die spezifischen Ursachen von Störungen abzielen, können Schulen eine positive Lernumgebung schaffen, die sowohl das Lernen als auch das soziale Miteinander fördert.

Grenzen der Prävention

Obwohl die Prävention von Gewalt und Konflikten in Schulen und anderen sozialen Kontexten als äußerst wirksam erachtet wird, gibt es auch signifikante Grenzen, die berücksichtigt werden müssen. Diese Grenzen können die Effektivität präventiver Maßnahmen erheblich einschränken und es ist wichtig, diese Herausforderungen zu erkennen, um realistische Erwartungen an die Ergebnisse der Präventionsarbeit zu formulieren. Im Folgenden werden einige der zentralen Herausforderungen ausführlicher erläutert:

Individuelle Unterschiede

Ein wesentlicher Aspekt, der die Prävention von Gewalt und Konflikten erschwert, sind die individuellen Unterschiede zwischen Menschen. Jeder Mensch bringt eine einzigartige Kombination aus persönlichen Erfahrungen, familiären Hintergründen, kulturellen Einflüssen und psychologischen Dispositionen mit. Diese Unterschiede machen es schwierig, allgemeingültige präventive Maßnahmen zu entwickeln, die für alle Schüler oder Mitglieder einer Gemeinschaft gleichermaßen wirksam sind.

Beispielsweise kann ein Schüler, der aus einem gewalttätigen Umfeld stammt, ganz andere Verhaltensmuster und Bewältigungsmechanismen entwickeln als ein Schüler, der in einem stabilen und liebevollen Umfeld aufgewachsen ist. Während einige Schüler möglicherweise in der Lage sind, Konflikte verbal zu lösen oder Hilfe zu suchen, könnten andere auf aggressive oder gewalttätige Verhaltensweisen zurückgreifen, um ihre Emotionen auszudrücken. Diese individuellen Unterschiede können dazu führen, dass präventive Programme in ihrer Wirksamkeit variieren und nicht alle Zielgruppen gleich gut erreichen können. Zudem können unvorhersehbare Verhaltensweisen, die aus persönlichen oder situativen Faktoren resultieren, dazu führen, dass selbst gut durchdachte Präventionsstrategien nicht den gewünschten Effekt haben.

Komplexität von Gewalt

Ein weiterer entscheidender Faktor, der die Grenzen der Prävention verdeutlicht, ist die Komplexität von Gewalt. Gewalt ist ein vielschichtiges Phänomen, das nicht auf einfache Ursachen zurückgeführt werden kann. Stattdessen wird sie von einer Vielzahl sozialer, kultureller und psychologischer Faktoren beeinflusst.

So können gesellschaftliche Normen, die Gewalt legitimieren oder tolerieren, eine entscheidende Rolle dabei spielen, wie Individuen Gewalt wahrnehmen und darauf reagieren. Kulturelle Unterschiede können ebenfalls einen Einfluss haben, da bestimmte Verhaltensweisen in unterschiedlichen Gesellschaften unterschiedlich bewertet werden. Darüber hinaus können psychologische Faktoren wie Trauma, Stress oder psychische Erkrankungen das Verhalten von Individuen erheblich beeinflussen.

Die Wechselwirkungen zwischen diesen verschiedenen Faktoren machen es schwierig, klare und eindeutige Lösungen für das Problem der Gewalt zu finden. Selbst wenn präventive Programme auf bestimmte Risikofaktoren abzielen, können unerwartete soziale oder emotionale Umstände dazu führen, dass die Programme nicht die gewünschten Ergebnisse erzielen. Die Komplexität von Gewalt erfordert daher einen umfassenden und interdisziplinären Ansatz, um den vielschichtigen Ursachen gerecht zu werden.

Ressourcenmangel

Eine weitere bedeutende Herausforderung bei der Umsetzung präventiver Maßnahmen ist der häufige Mangel an Ressourcen. In vielen Schulen und sozialen Einrichtungen stehen nicht genügend finanzielle Mittel, personelle Kapazitäten oder Zeit zur Verfügung, um umfassende und nachhaltige Präventionsprogramme zu entwickeln und durchzuführen.

Ein Mangel an qualifizierten Fachkräften, wie Schulpsychologen oder Sozialarbeitern, kann dazu führen, dass präventive Maßnahmen nicht effektiv umgesetzt werden können. Auch die Notwendigkeit, sich auf die unmittelbaren Anforderungen des Schulalltags zu konzentrieren, kann dazu führen, dass präventive Programme vernachlässigt oder nur unzureichend in den Lehrplan integriert werden.

Darüber hinaus können auch externe Faktoren, wie politische Entscheidungen oder gesellschaftliche Prioritäten, den Zugang zu Ressourcen erheblich einschränken.

Die Begrenztheit der Ressourcen kann dazu führen, dass Präventionsprogramme nicht die notwendige Tiefe und Breite erreichen, um wirksam zu sein. Oft sind Maßnahmen nur kurzfristig angelegt oder nicht ausreichend evaluiert, um ihre langfristige Wirksamkeit sicherzustellen. Um wirklich nachhaltig zu sein, benötigen präventive Programme eine solide finanzielle Basis sowie die Unterstützung von Bildungseinrichtungen, Eltern und der Gemeinschaft.

Insgesamt verdeutlichen diese Herausforderungen, dass Prävention zwar ein wichtiger und notwendiger Bestandteil der Gewalt- und Konfliktbewältigung ist, jedoch nicht als Allheilmittel betrachtet werden kann. Es ist entscheidend, die Grenzen der Prävention anzuerkennen und ein realistisches Verständnis für die Komplexität des Verhaltens von Menschen zu entwickeln. Nur durch eine Kombination aus präventiven Maßnahmen, individueller Unterstützung und der Berücksichtigung sozialer und kultureller Kontexte können wirksame Strategien zur systemischen Gewaltschutztraining entwickelt werden.

Herausforderungen und Limitationen

Neben den bereits erörterten Grenzen der Prävention gibt es eine Vielzahl weiterer Herausforderungen, die die Effektivität präventiver Maßnahmen erheblich beeinträchtigen können. Diese Herausforderungen reichen von sozialen und psychologischen Aspekten bis hin zu praktischen und strukturellen Faktoren, die in der Umsetzung von Programmen eine Rolle spielen. Im Folgenden werden einige dieser zentralen Herausforderungen ausführlicher behandelt:

Stigmatisierung

Eine der gravierendsten Herausforderungen bei der Implementierung präventiver Maßnahmen ist das Risiko der Stigmatisierung. Wenn Programme speziell auf bestimmte Risikogruppen abzielen, um beispielsweise Gewalt oder Konflikte zu verhindern, kann dies unbeabsichtigte negative Konsequenzen haben. Personen, die als Teil dieser Gruppen identifiziert werden, könnten sich stigmatisiert fühlen, was zu einer negativen Selbstwahrnehmung und einem verstärkten Gefühl der Ausgrenzung führen kann.

Stigmatisierung kann dazu führen, dass sich Betroffene von den Programmen abwenden oder sich nicht trauen, Hilfe zu suchen, aus Angst, als "Problemfall" angesehen zu werden. Dies kann die Effektivität der Maßnahmen erheblich mindern, da die Zielgruppe nicht aktiv an den Angeboten teilnimmt oder sich nicht offen mit den Themen auseinandersetzt. Darüber hinaus kann Stigmatisierung auch die Beziehungen zwischen Betroffenen und ihren Mitmenschen beeinträchtigen, was zu einem Teufelskreis aus Isolation und weiteren Konflikten führen kann. Um dieser Herausforderung zu begegnen, müssen Präventionsprogramme so gestaltet werden, dass sie inklusiv sind und das Risiko der Stigmatisierung minimieren, indem sie beispielsweise auf positive Aspekte der Gemeinschaftsbildung fokussieren.

Widerstand gegen Veränderung

Ein weiteres bedeutendes Hindernis für die erfolgreiche Umsetzung präventiver Maßnahmen ist der häufige Widerstand gegen Veränderungen. Menschen neigen dazu, an gewohnten Verhaltensweisen und Denkstrukturen festzuhalten, selbst wenn diese möglicherweise nicht die besten Ergebnisse liefern. Der Prozess der Verhaltensänderung ist oft herausfordernd und kann Ängste oder Unsicherheiten hervorrufen, insbesondere wenn tief verwurzelte Überzeugungen oder Traditionen in Frage gestellt werden.

Dieser Widerstand kann sich auf verschiedene Weise äußern, beispielsweise durch offene Ablehnung von Programminhalten oder durch passive Ignoranz gegenüber den Maßnahmen. Besonders in Gemeinschaften oder Schulen, in denen bestehende Strukturen und Normen stark verankert sind, kann es schwierig sein, neue Ansätze zur Prävention zu implementieren. Um diesen Widerstand zu überwinden, ist es entscheidend, die Betroffenen in den Veränderungsprozess einzubeziehen und ihnen die Vorteile der neuen Maßnahmen verständlich zu machen. Partizipation, transparente Kommunikation und das Aufzeigen von positiven Beispielen können dazu beitragen, die Akzeptanz für Veränderungen zu fördern und den Übergang zu erleichtern.

Evaluation und Anpassung

Ein weiterer kritischer Aspekt in der Präventionsarbeit ist die Notwendigkeit einer kontinuierlichen Evaluation und Anpassung der Maßnahmen. Die Wirksamkeit präventiver Programme kann nicht einfach vorausgesetzt werden; sie muss regelmäßig überprüft werden, um sicherzustellen, dass die gesetzten Ziele tatsächlich erreicht werden. Dies erfordert ein hohes Maß an Fachwissen, sowie Zeit und Ressourcen, die oft begrenzt sind.

Die Evaluation umfasst die Analyse von Daten, das Sammeln von Feedback der Teilnehmer und die Untersuchung von Ergebnissen, um Schwachstellen oder Verbesserungsbedarf zu identifizieren. Ohne eine fundierte Evaluation können Programme stagnieren oder sogar kontraproduktiv wirken, wenn sie nicht auf die tatsächlichen Bedürfnisse der Zielgruppen abgestimmt sind. Zudem kann es Herausforderungen bei der Implementierung von Anpassungen geben, da Veränderungen oft auf Widerstand stoßen oder zusätzliche Ressourcen erfordern.

Um die Effektivität präventiver Maßnahmen langfristig zu sichern, ist ein systematischer Ansatz zur Evaluation notwendig, der sowohl quantitative als auch qualitative Methoden umfasst. Dies sollte idealerweise in einem Kreislauf geschehen, der die ständige Rückkopplung zwischen den Ergebnissen und der Programmgestaltung ermöglicht. Eine solche Herangehensweise kann dazu beitragen, die Präventionsarbeit dynamisch und anpassungsfähig zu gestalten und die besten Ergebnisse für alle Beteiligten zu erzielen.

Die Herausforderungen und Limitationen, die mit der Prävention von Gewalt und Konflikten verbunden sind, sind vielfältig und komplex. Sie reichen von sozialen und psychologischen Aspekten, wie Stigmatisierung und Widerstand gegen Veränderung, bis hin zu praktischen Anforderungen, wie der Notwendigkeit zur kontinuierlichen Evaluation und Anpassung von Programmen. Um den Herausforderungen erfolgreich zu begegnen, müssen präventive Maßnahmen sorgfältig geplant und flexibel gestaltet werden, sodass sie den unterschiedlichen Bedürfnissen und Realitäten der Zielgruppen gerecht werden können. Nur durch eine ganzheitliche und integrative Herangehensweise kann die Präventionsarbeit nachhaltig und effektiv gestaltet werden.

Moderation und Interventionstechniken

Eine effektive Intervention nach einem Vorfall ist entscheidend, um zukünftige Konflikte zu vermeiden und ein konstruktives Miteinander zu fördern. In solchen Situationen ist es von größter Bedeutung, dass die Moderation nicht nur die unmittelbaren Konflikte anspricht, sondern auch die zugrunde liegenden Probleme identifiziert und bearbeitet. Moderationstechniken spielen dabei eine zentrale Rolle, da sie helfen, eine positive Kommunikationskultur zu etablieren und das

Vertrauen zwischen den Beteiligten zu stärken. Zu den wichtigsten Techniken gehören:

Aktives Zuhören

Aktives Zuhören ist eine grundlegende Technik in der Moderation und Intervention. Es geht weit über das bloße Hören der Worte hinaus. Aktiv Zuhören bedeutet, die Aussagen der Gesprächspartner vollständig zu erfassen und zu verstehen. Hierbei ist es wichtig, nonverbale Signale, wie Körpersprache und Mimik, zu beachten, da sie oft zusätzliche Informationen über die Emotionen und Bedürfnisse der Beteiligten vermitteln.

Ein aktiver Zuhörer zeigt durch Nicken, Blickkontakt und kurze verbale Bestätigungen, dass er dem Gesprächspartner aufmerksam folgt. Diese Technik fördert eine offene Kommunikation und vermittelt den Beteiligten, dass ihre Bedürfnisse und Emotionen ernst genommen werden. Wenn alle Stimmen gehört werden, kann dies Spannungen abbauen und ein Gefühl der Zugehörigkeit und Wertschätzung schaffen. Darüber hinaus kann aktives Zuhören dazu beitragen, Missverständnisse frühzeitig zu erkennen und zu klären, bevor sie sich zu größeren Konflikten entwickeln.

Empathische Reaktion

Empathie ist eine weitere essentielle Interventionstechnik. Sie bedeutet, sich in die Lage des anderen zu versetzen und dessen Gefühle und Perspektiven nachzuvollziehen. Eine empathische Reaktion kann Spannungen erheblich abbauen und ein besseres Verständnis für die Sichtweise des anderen entwickeln. Moderatoren sollten in der Lage sein, einfühlsam auf die Emotionen und Anliegen aller Beteiligten zu reagieren.

Durch empathische Reaktionen zeigen Moderatoren, dass sie die Sorgen und Ängste der Teilnehmer ernst nehmen. Diese Technik kann z. B. durch Formulierungen wie „Ich kann verstehen, dass Sie sich in dieser Situation frustriert fühlen" oder „Es klingt, als wären Sie sehr besorgt über..." umgesetzt werden. Solche Aussagen helfen dabei, eine wertschätzende Atmosphäre zu schaffen, in der sich die Beteiligten sicher fühlen, ihre Gedanken und Gefühle zu äußern. Empathie trägt auch dazu bei, das Vertrauen zwischen den Konfliktparteien zu stärken, was für die Lösung von Konflikten unerlässlich ist.

Klärendes Fragen

Klärendes Fragen ist eine Technik, die es Moderatoren ermöglicht, gezielte Informationen zu sammeln und

Missverständnisse auszuräumen. Indem sie offene und präzise Fragen stellen, können Moderatoren die zugrunde liegenden Probleme identifizieren und die Perspektiven aller Beteiligten besser verstehen. Diese Technik ist besonders hilfreich, um Klarheit über unklare Aussagen oder Emotionen zu gewinnen.

Klärende Fragen können helfen, spezifische Punkte zu beleuchten. Anstatt beispielsweise zu fragen: „Warum sind Sie unzufrieden?", könnte ein Moderator eine gezielte Frage stellen wie: „Könnten Sie mir sagen, was genau Sie an dieser Entscheidung gestört hat?" Diese Art von Fragen ermutigt die Gesprächspartner, tiefergehende Erklärungen zu liefern und ermöglicht es dem Moderator, ein umfassenderes Bild der Situation zu erhalten. Durch diesen Prozess können Missverständnisse ausgeräumt und ein gemeinsames Verständnis der Situation geschaffen werden.

Die Anwendung von Moderationstechniken wie aktivem Zuhören, empathischen Reaktionen und klärendem Fragen ist entscheidend für eine erfolgreiche Intervention nach einem Vorfall. Diese Techniken fördern nicht nur eine offene und respektvolle Kommunikation, sondern tragen auch dazu bei, Spannungen abzubauen und die zugrunde liegenden Probleme zu identifizieren. In einer

Umgebung, in der sich alle Beteiligten gehört und verstanden fühlen, wird es erheblich einfacher, Konflikte konstruktiv zu lösen und das Risiko zukünftiger Auseinandersetzungen zu minimieren. Daher sollte die Schulung in diesen Moderationstechniken einen hohen Stellenwert in der Ausbildung von Fachkräften im Bereich der Konfliktintervention einnehmen.

Methoden zur Deeskalation von Konflikten

Die Deeskalation von Konflikten ist ein entscheidender Aspekt der Intervention, der darauf abzielt, Spannungen abzubauen und eine konstruktive Kommunikation zu fördern. Konflikte, wenn sie nicht angemessen behandelt werden, können sich schnell zuspitzen und zu weiteren Auseinandersetzungen führen. Daher sind effektive Deeskalationsmethoden von großer Bedeutung. Zu den bewährten Methoden gehören:

Ruhige Kommunikation

Eine der grundlegendsten Methoden zur Deeskalation ist die ruhige Kommunikation. Die Art und Weise, wie wir sprechen, hat einen tiefgreifenden Einfluss auf den Verlauf eines Konflikts. Ein sachlicher und respektvoller Ton kann helfen, die Situation zu entspannen und die Emotionen aller Beteiligten zu beruhigen.

Ruhige Kommunikation beinhaltet nicht nur die Wahl der Worte, sondern auch die Art und Weise, wie diese Worte übermittelt werden. Moderatoren und Konfliktparteien sollten darauf achten, eine gelassene Körpersprache zu verwenden, Augenkontakt herzustellen und ihre Stimme zu modulieren, um unnötige Aggressionen zu vermeiden. Ein ruhiger Ton signalisiert, dass man bereit ist, zuzuhören und die Perspektiven der anderen ernst zu nehmen.

Zusätzlich sollten die Gesprächspartner ermutigt werden, ihre Emotionen offen zu äußern, jedoch in einem respektvollen Rahmen. Sätze wie „Ich fühle mich..." oder „Ich verstehe, dass Sie..." können dazu beitragen, eine Atmosphäre des Respekts und der Offenheit zu schaffen. Wenn alle Beteiligten das Gefühl haben, dass ihre Meinungen und Gefühle gehört und respektiert werden, kann dies zu einer schnelleren Entspannung der Situation führen.

Fokus auf Lösungen

Eine weitere wichtige Methode zur Deeskalation von Konflikten ist der Fokus auf Lösungen. Oftmals neigen die Beteiligten dazu, sich stark auf das Problem zu konzentrieren, was die Emotionen weiter anheizen und zu einer negativen Spirale führen kann. Stattdessen sollten die Beteiligten ermutigt werden, ihre Aufmerksamkeit auf mögliche Lösungen zu lenken, die für alle akzeptabel sind.

Der Moderator kann diesen Prozess anstoßen, indem er Fragen stellt wie: „Was können wir tun, um diese Situation zu verbessern?" oder „Welche Lösungen könnten für beide Seiten akzeptabel sein?" Indem die Diskussion auf Lösungen und gemeinsame Ziele ausgerichtet wird, können die Konfliktparteien motiviert werden, zusammenzuarbeiten, anstatt sich gegenseitig zu beschuldigen oder zu konfrontieren.

Dieser lösungsorientierte Ansatz fördert nicht nur die Zusammenarbeit, sondern hilft den Beteiligten auch, ihre Emotionen in konstruktive Bahnen zu lenken. Wenn die Gespräche auf die Suche nach gemeinsamen Interessen und Kompromissen fokussiert werden, kann dies das Gefühl von Teamarbeit und Zusammengehörigkeit stärken, was zur Deeskalation beiträgt.

Zeit für Reflexion

In stressgeladenen Situationen ist es oft schwierig, rationale Entscheidungen zu treffen oder konstruktiv zu kommunizieren. In solchen Momenten kann eine kurze Pause oder ein Zeitraum zur Reflexion von entscheidender Bedeutung sein. Diese Methode ermöglicht es den Konfliktparteien, ihre Emotionen abklingen zu lassen und einen klareren Kopf zu bekommen, bevor sie die Diskussion fortsetzen.

Ein Moderator kann die Beteiligten ermutigen, eine kurze Auszeit zu nehmen, um sich zu sammeln und über die Situation nachzudenken. Diese Zeit kann genutzt werden, um über die eigenen Gefühle, Bedürfnisse und die Perspektiven der anderen nachzudenken. Oftmals kann eine kurze Trennung von der konfliktbeladenen Situation helfen, die eigenen Gedanken zu ordnen und neue Einsichten zu gewinnen.

Zusätzlich kann die Reflexion auch in Form von schriftlichen Notizen erfolgen, bei denen die Beteiligten ihre Gedanken und Gefühle aufschreiben. Dies kann dazu beitragen, die Emotionen zu kanalisieren und eine objektivere Sicht auf die Situation zu gewinnen. Nach einer Reflexionsphase können die Beteiligten dann mit einer ruhigeren Haltung und einem klareren Verständnis für die Situation zurückkehren, was die Wahrscheinlichkeit für konstruktive Gespräche erhöht.

Die Methoden zur Deeskalation von Konflikten, wie ruhige Kommunikation, der Fokus auf Lösungen und Zeit für Reflexion, sind entscheidend für eine effektive

Intervention. Durch die Anwendung dieser Techniken können Spannungen abgebaut und eine konstruktive Atmosphäre geschaffen werden, die die Wahrscheinlichkeit für zukünftige Konflikte verringert. Es ist wichtig, dass sowohl Moderatoren als auch die Konfliktparteien sich der Bedeutung dieser Methoden bewusst sind und sie aktiv in ihre Konfliktlösungsstrategien integrieren. Nur so kann eine nachhaltige und positive Veränderung in der Kommunikations- und Konfliktkultur erreicht werden.

Fazit

Die Prävention und Intervention stellen zentrale Elemente im Umgang mit Gewalt und Konflikten dar. Ein umfassendes Verständnis der verschiedenen Ansätze zur Prävention, der Ursachen von Unterrichtsstörungen, der Herausforderungen und der Techniken zur Deeskalation ist entscheidend, um gewaltfreie und respektvolle Umgebungen zu fördern. Durch die Kombination von präventiven Maßnahmen und effektiven Interventionstechniken können sowohl kurzfristige als auch langfristige Lösungen entwickelt werden, die zu einem harmonischen Miteinander beitragen.

Kapitel 6: Die Rolle des Trainers

Die Rolle des Trainers im systemischen Gewaltschutztraining ist von zentraler Bedeutung. Trainer fungieren nicht nur als Wissensvermittler, sondern auch als Moderatoren und Unterstützer, die den Lernprozess der Teilnehmer aktiv gestalten. In diesem Kapitel werden die wesentlichen Kompetenzen und Anforderungen an Trainer, die Anmoderation und Einführung in das Training, die Auswertung und den Transfer des Gelernten sowie Methoden zur Reflexion und Anwendung im Alltag behandelt.

Kompetenzen und Anforderungen an Trainer

Ein effektiver Trainer im Bereich systemisches Gewaltschutztraining spielt eine zentrale Rolle in der Vermittlung von Wissen und der Förderung von Fähigkeiten, die für die Gewaltprävention und Konfliktbewältigung unerlässlich sind. Um diese Aufgabe erfolgreich zu erfüllen, sollte ein Trainer über eine Vielzahl von Kompetenzen verfügen. Diese lassen sich in mehrere Schlüsselbereiche unterteilen, die nachfolgend detailliert beschrieben werden.

1. **Fachliche Kompetenz:** Fachliche Kompetenz ist das Fundament eines erfolgreichen Trainers. Trainer müssen nicht nur über ein

fundiertes Wissen in den Bereichen Gewaltprävention und Konfliktmanagement verfügen, sondern auch über Kenntnisse in der Psychologie und Soziologie. Dieses Wissen ermöglicht es ihnen, die Dynamiken von Konflikten zu verstehen und präventive Strategien zu entwickeln.

Zu den spezifischen Inhalten, die Trainer beherrschen sollten, gehören:

- **Theorien der Gewalt und Aggression:** Ein tiefes Verständnis von den Ursachen und Auslösern von Gewalt ist wichtig, um präventive Maßnahmen zu formulieren.

- **Methoden der Konfliktlösung:** Trainer sollten verschiedene Techniken der Konfliktbewältigung kennen, um den Teilnehmern praxisnahe Lösungen anzubieten.

- **Rechtliche Rahmenbedingungen:** Kenntnisse über die rechtlichen Aspekte von Gewalt und den Schutz von Opfern sind wichtig, um den Teilnehmern einen sicheren

Umgang mit der Materie zu ermöglichen.

Dieses umfassende Wissen befähigt Trainer, relevante Informationen und Strategien zu vermitteln, die die Teilnehmer in ihrem persönlichen und beruflichen Leben anwenden können. Es schafft auch eine Glaubwürdigkeit, die das Vertrauen der Teilnehmer in den Trainer stärkt.

2. **Pädagogische Fähigkeiten:** Die pädagogischen Fähigkeiten eines Trainers sind entscheidend für die Effektivität des Trainings. Trainer müssen in der Lage sein, Wissen nicht nur zu vermitteln, sondern auch Lernprozesse aktiv zu gestalten. Dies umfasst mehrere Aspekte:

   o **Gestaltung von Lehrplänen:** Ein effektiver Lehrplan sollte klar strukturiert und auf die Bedürfnisse der Teilnehmer abgestimmt sein. Trainer müssen in der Lage sein, Inhalte so aufzubereiten, dass sie sowohl informativ als auch ansprechend sind.

   o **Auswahl geeigneter Methoden:** Unterschiedliche Lernstile erfordern unterschiedliche Ansätze.

Trainer sollten verschiedene Lehrmethoden einsetzen können, von klassischen Vorträgen über Gruppenarbeiten bis hin zu interaktiven Übungen. Der Einsatz von Multimedia, Rollenspielen und praktischen Anwendungen kann das Lernen fördern.

- **Anpassungsfähigkeit:** Trainer müssen flexibel und anpassungsfähig sein, um auf die unterschiedlichen Bedürfnisse und Lernstile der Teilnehmer einzugehen. Dies erfordert eine gute Beobachtungsgabe und die Fähigkeit, die Gruppendynamik zu erkennen und entsprechend zu reagieren.

Diese pädagogischen Fähigkeiten ermöglichen es Trainern, eine nachhaltige Lernerfahrung zu schaffen, die die Teilnehmer motiviert und aktiviert.

3. **Soziale und emotionale Intelligenz:** Soziale und emotionale Intelligenz sind für Trainer im Bereich Gewaltschutztraining von entscheidender Bedeutung. Trainer sollten in der Lage sein, empathisch zu kommunizieren und eine vertrauensvolle Atmosphäre zu schaffen. Diese Fähigkeiten sind besonders

wichtig, um Konflikte zu deeskalieren und eine positive Gruppenatmosphäre zu fördern.

- o **Empathie:** Ein Trainer muss die Fähigkeit besitzen, sich in die Lage anderer hineinzuversetzen und ihre Emotionen und Perspektiven zu verstehen. Diese Empathie fördert das Vertrauen und die Offenheit der Teilnehmer.

- o **Aktives Zuhören:** Trainer sollten aktiv zuhören können, um die Anliegen und Fragen der Teilnehmer ernst zu nehmen. Dies fördert nicht nur die Gruppenbindung, sondern ermöglicht auch eine gezielte Intervention bei Konflikten.

- o **Kommunikationstechniken:** Trainer sollten über die Fähigkeit verfügen, klar und respektvoll zu kommunizieren. Sie sollten in der Lage sein, Feedback zu geben und auch selbst konstruktives Feedback anzunehmen.

Die emotionale Intelligenz eines Trainers ermöglicht es ihm, die Emotionen der Teilnehmer wahrzunehmen und angemessen darauf zu reagieren. Dies ist besonders in der Gewaltprävention wichtig, da die Themen oft emotional aufgeladen sind und eine sensible Herangehensweise erfordern.

4. **Reflexionsfähigkeit:** Reflexionsfähigkeit ist eine weitere Schlüsselkompetenz, die ein guter Trainer mitbringen sollte. Diese Fähigkeit umfasst die Bereitschaft, das eigene Handeln zu hinterfragen und kontinuierlich an der eigenen Weiterentwicklung zu arbeiten.

   ○ **Selbstreflexion:** Trainer sollten regelmäßig ihr eigenes Verhalten, ihre Methoden und ihre Interaktionen mit den Teilnehmern reflektieren. Dies hilft, Stärken und Schwächen zu identifizieren und gezielt an der Verbesserung zu arbeiten.

   ○ **Feedbackkultur:** Die Bereitschaft, Feedback von Teilnehmern und Kollegen anzunehmen, ist essenziell. Trainer sollten offen für konstruktive Kritik sein und diese zur Weiterentwicklung nutzen.

   ○ **Fortbildung:** Trainer sollten sich kontinuierlich fort- und weiterbilden, um auf dem neuesten Stand der

Forschung und Praxis zu bleiben. Dies kann durch den Besuch von Workshops, Konferenzen oder durch das Studium aktueller Literatur geschehen.

Diese Reflexionsfähigkeit trägt dazu bei, dass Trainer nicht nur ihre eigenen Fähigkeiten verbessern, sondern auch die Qualität des Trainings kontinuierlich steigern können.

Insgesamt erfordert die Rolle eines Trainers im Bereich systemisches Gewaltschutztraining ein umfassendes Spektrum an Kompetenzen. Diese Fähigkeiten sind entscheidend, um den Teilnehmern nicht nur Wissen zu vermitteln, sondern sie auch zu befähigen, gewaltpräventive Strategien effektiv in ihrem Alltag umzusetzen. Ein erfolgreicher Trainer ist somit nicht nur ein Wissensvermittler, sondern auch ein Mentor und Unterstützer in einem oft sensiblen und emotionalen Lernprozess.

Anmoderation und Einführung in das Training

Die Anmoderation und Einführung in ein systemisches Gewaltschutztraining sind entscheidend für den Erfolg des gesamten Programms. Ein gelungener Start legt den Grundstein für ein effektives Lernen und eine positive

Gruppendynamik. Hier sind einige wesentliche
Punkte, die Trainer beachten sollten:

1. **Schaffung eines positiven Rahmens:** Zu
   Beginn des Trainings ist es von großer
   Bedeutung, eine positive und respektvolle
   Atmosphäre zu schaffen, die die Teilnehmer
   ermutigt, sich aktiv einzubringen. Der Trainer
   sollte mit einer herzlichen und offenen
   Begrüßung beginnen, die den Teilnehmern das
   Gefühl vermittelt, willkommen zu sein. Es kann
   hilfreich sein, persönliche Anekdoten oder
   Erfahrungen zu teilen, die die Relevanz des
   Themas verdeutlichen.

Die Vorstellung des Trainingsziels und der Agenda
sollte klar und strukturiert erfolgen. Der Trainer sollte
die Ziele des Trainings konkret benennen,
beispielsweise die Sensibilisierung für Gewaltschutz,
den Erwerb bestimmter Fähigkeiten oder die
Förderung von Empathie und Respekt im Umgang
miteinander. Zudem sollte der Trainer die Bedeutung
von Respekt und Empathie in der Gruppe betonen.
Dies kann durch Beispiele aus der Praxis geschehen,
die die Auswirkungen von Gewalt auf Individuen und
Gemeinschaften verdeutlichen. Eine solche
Ansprache fördert nicht nur ein Gefühl der
Zugehörigkeit, sondern motiviert die Teilnehmer auch,

aktiv an den Diskussionen und Übungen teilzunehmen.

2. **Erklärung der Ziele und Erwartungen:** Um die Teilnehmer auf das Training einzustimmen, ist es wichtig, die Ziele des Trainings sowie die erwarteten Ergebnisse klar zu kommunizieren. Der Trainer sollte erläutern, welche spezifischen Kompetenzen die Teilnehmer am Ende des Trainings erlangen sollen. Beispielsweise können dies Fähigkeiten zur Deeskalation von Konflikten, das Erkennen von Gewaltmustern und die Entwicklung von Interventionsstrategien sein. Zudem sollte der Trainer die Bedeutung ihrer aktiven Teilnahme hervorheben, um die Teilnehmer zu motivieren und ein Gefühl der Verantwortung zu schaffen.

Klare Erwartungen helfen, das Engagement der Teilnehmer zu fördern und Missverständnisse zu vermeiden. Der Trainer kann dies erreichen, indem er die Struktur des Trainings erläutert und darlegt, wie verschiedene Übungen und Diskussionen in die Gesamtziele eingebettet sind. Eine transparente Kommunikation über den Ablauf des Trainings gibt den Teilnehmern Sicherheit und ermöglicht es ihnen, sich besser auf die bevorstehenden Inhalte vorzubereiten.

3. **Vorstellung der Regeln:** Eine transparente Vorstellung der Verhaltensregeln und deren Konsequenzen zu Beginn des Trainings ist entscheidend für eine konstruktive Lernumgebung. Der Trainer sollte gemeinsam mit den Teilnehmern die Regeln erarbeiten, um ein Gefühl der Mitverantwortung und Zugehörigkeit zu schaffen. Hierbei können Regeln wie „Respektiere die Meinungen anderer", „Sprich aus der Ich-Perspektive" oder „Höre aktiv zu" formuliert werden.

Der Trainer sollte auch die Konsequenzen klar darlegen, die bei Nichteinhaltung der Regeln folgen könnten. Dies vermittelt den Teilnehmern, dass ein respektvoller Umgang und die Schaffung eines sicheren Raums für alle Priorität haben. Indem die Teilnehmer in den Prozess der Regelsetzung einbezogen werden, fühlen sie sich eher verpflichtet, diese einzuhalten, was die Gruppendynamik positiv beeinflusst.

4. **Eisbrecher und interaktive Übungen:** Um die Teilnehmer miteinander vertraut zu machen und eine positive Gruppendynamik zu fördern, können Eisbrecher und interaktive Übungen eingesetzt werden. Diese Aktivitäten sind besonders wertvoll, um das Eis zu brechen

und Vertrauen aufzubauen. Ein effektiver Eisbrecher könnte darin bestehen, dass jeder Teilnehmer seinen Namen und eine persönliche Erfahrung oder Verbindung zum Thema Gewalt oder Konfliktbewältigung teilt.

Interaktive Übungen können auch kleine Gruppenarbeiten oder Rollenspiele umfassen, die es den Teilnehmern ermöglichen, sich aktiv mit den Inhalten auseinanderzusetzen. Solche Aktivitäten helfen nicht nur, die Teilnehmer zu aktivieren, sondern fördern auch die Teamarbeit und den Austausch von Perspektiven. Der Trainer sollte darauf achten, dass die Übungen einladend und ansprechend gestaltet sind, um die Offenheit der Teilnehmer für die bevorstehenden Inhalte zu erhöhen.

Durch diese sorgfältige und durchdachte Anmoderation und Einführung wird das Fundament für ein erfolgreiches Training gelegt. Die Teilnehmer fühlen sich wertgeschätzt und motiviert, was zu einer produktiven und positiven Lernatmosphäre beiträgt, in der sie bereit sind, sich auf die Themen des Gewaltschutzes einzulassen und neue Fähigkeiten zu entwickeln.

Auswertung und Transfer des Gelernten

Nach der Vermittlung der Inhalte ist es von entscheidender Bedeutung, den Transfer des Gelernten in den Alltag der Teilnehmer zu fördern. Der Erfolg eines Trainings bemisst sich nicht nur an der Vermittlung von Wissen, sondern vor allem daran, wie gut die Teilnehmer in der Lage sind, das Erlernte in ihrer täglichen Praxis anzuwenden. Um diesen Transfer zu unterstützen, sollten Trainer verschiedene Strategien in Betracht ziehen:

1. **Reflexion und Feedback:** Ein zentraler Aspekt des Lernprozesses ist die Reflexion. Trainer sollten die Teilnehmer aktiv dazu anregen, über das Gelernte nachzudenken und ihre Gedanken in einem geschützten Rahmen zu teilen. Dies kann durch offene Diskussionsrunden geschehen, in denen die Teilnehmer ihre Eindrücke, Herausforderungen und Erkenntnisse schildern können. Eine solche Diskussion fördert nicht nur den Austausch von unterschiedlichen Perspektiven, sondern ermöglicht es auch, dass die Teilnehmer voneinander lernen.

Zusätzlich können schriftliche Reflexionen oder Feedbackbögen eingesetzt werden, um den Teilnehmern die Möglichkeit zu geben, ihre Gedanken in Ruhe zu formulieren. Diese schriftlichen Reflexionen können spezifische Fragen beinhalten, wie zum Beispiel: "Was war für dich die wichtigste Erkenntnis aus dem Training?" oder "Wie kannst du das Gelernte konkret in deinem Alltag umsetzen?" Durch diese Reflexion wird das Verständnis vertieft, und die Integration des Gelernten in die persönliche Lebensrealität wird erleichtert. Trainer sollten auch darauf achten, konstruktives Feedback zu geben, das die Teilnehmer ermutigt, ihre Gedanken weiter zu entwickeln.

2. **Konkrete Anwendungsmöglichkeiten:** Um den Transfer des Gelernten zu fördern, ist es wichtig, den Teilnehmern zu helfen, konkrete Anwendungsmöglichkeiten zu identifizieren. Trainer sollten verschiedene Methoden nutzen, um dies zu erreichen. Fallstudien sind eine effektive Möglichkeit, reale Szenarien zu analysieren und zu diskutieren. Durch die Auseinandersetzung mit konkreten Beispielen können die Teilnehmer praxisnahe Lösungen entwickeln und überlegen, wie sie ähnliche Situationen in ihrem eigenen Umfeld angehen könnten.

Rollenspiele sind eine weitere wertvolle Methode, um das Gelernte in einer geschützten Umgebung zu üben. Die Teilnehmer können verschiedene Rollen einnehmen und typische Situationen nachstellen, in denen sie das Erlernte anwenden müssen. Diese praktischen Übungen ermöglichen es den Teilnehmern, ihre Fähigkeiten zu testen, Feedback von anderen zu erhalten und ihre Ansätze zu verfeinern.

Außerdem kann die Erarbeitung individueller Aktionspläne eine wichtige Rolle spielen. Hierbei können die Teilnehmer konkrete Schritte definieren, die sie unternehmen möchten, um das Gelernte in ihrem Alltag umzusetzen. Diese Pläne sollten realistische Ziele beinhalten, die spezifisch, messbar, erreichbar, relevant und zeitgebunden sind (SMART). Indem die Teilnehmer ihre eigenen Aktionspläne formulieren, erhöhen sie ihre Eigenverantwortung und Motivation zur Umsetzung des Gelernten.

3. **Nachhaltige Unterstützung:** Um den langfristigen Lerntransfer zu sichern, sollten Trainer Möglichkeiten zur kontinuierlichen Unterstützung und Nachverfolgung anbieten. Diese Unterstützung kann in verschiedenen Formen erfolgen. Follow-up-Sitzungen sind eine hervorragende Möglichkeit, um den Fortschritt der Teilnehmer zu überprüfen und neue Herausforderungen zu besprechen. In

diesen Sitzungen können die Teilnehmer ihre Erfahrungen teilen, Fragen stellen und weitere Unterstützung erhalten, was das Gefühl der Gemeinschaft und des Engagements stärkt.

Online-Plattformen für den Austausch bieten eine flexible Möglichkeit, um in Kontakt zu bleiben. Hier können die Teilnehmer Fragen stellen, Ressourcen teilen oder sich gegenseitig motivieren. Solche Plattformen fördern den kontinuierlichen Lernprozess und bieten einen Raum für den informellen Austausch.

Zudem sollte der Zugang zu Ressourcen und Materialien ermöglicht werden, die den Teilnehmern helfen, das Gelernte zu vertiefen und in ihre tägliche Praxis zu integrieren. Dies kann in Form von weiterführenden Lektüren, Videos, Arbeitsblättern oder Links zu relevanten Online-Ressourcen geschehen. Indem Trainer diese verschiedenen Formen der Unterstützung anbieten, tragen sie dazu bei, dass das Training nicht als einmalige Veranstaltung wahrgenommen wird, sondern als Teil eines kontinuierlichen Lernprozesses, der den Teilnehmern hilft, ihre Fähigkeiten nachhaltig zu entwickeln und anzuwenden.

Durch diese gezielten Maßnahmen zur Auswertung und zum Transfer des Gelernten wird sichergestellt, dass die Teilnehmer das Erlernte nicht nur verstehen, sondern auch in ihrem Alltag implementieren können. Dies fördert nicht nur die persönliche Entwicklung, sondern trägt auch zur Schaffung sichererer und respektvollerer Gemeinschaften bei.

Methoden zur Reflexion und Anwendung im Alltag

Die Reflexion und Anwendung des Gelernten im Alltag sind entscheidend, um die Wirksamkeit von systemischen Gewaltschutztrainings und Konfliktbewältigungsstrategien zu gewährleisten. Nur durch die aktive Integration des Erlernten in den Alltag können die Teilnehmer die erlernten Fähigkeiten wirklich verinnerlichen und effektiv umsetzen. Hier sind einige bewährte Methoden zur Reflexion und Anwendung:

1. **Peer-Coaching:** Peer-Coaching ist eine äußerst effektive Methode, um den Lernprozess zu vertiefen. Teilnehmer arbeiten in Paaren oder kleinen Gruppen zusammen, um sich gegenseitig zu unterstützen und ihre Fortschritte zu reflektieren. Diese Form des Coachings fördert den Austausch von Erfahrungen und die Entwicklung eines gemeinsamen Verständnisses für die Herausforderungen, die im Alltag auftreten können. Durch regelmäßige Treffen können die

Teilnehmer ihre Erfolge, aber auch Rückschläge teilen und gemeinsam Strategien entwickeln, um mit diesen umzugehen.

Peer-Coaching fördert nicht nur die Anwendung des Gelernten, sondern stärkt auch das Gefühl der Gemeinschaft unter den Teilnehmern. Sie lernen, einander zuzuhören, konstruktives Feedback zu geben und sich gegenseitig zu motivieren. Der soziale Aspekt dieser Methode kann zudem dazu beitragen, dass sich die Teilnehmer weniger isoliert fühlen und sich im Prozess des Lernens unterstützt wissen.

2. **Tagebuchführung:** Die Führung eines Reflexionstagebuchs ist eine weitere hilfreiche Methode, um Gedanken, Gefühle und Fortschritte schriftlich festzuhalten. Ein solches Tagebuch bietet den Teilnehmern einen Raum für Selbstreflexion und ermöglicht es ihnen, ihre Erlebnisse und die Anwendung des Gelernten systematisch zu dokumentieren.

In regelmäßigen Abständen können die Teilnehmer ihre Einträge durchsehen, um zu erkennen, wie sie sich entwickelt haben, welche Strategien effektiv waren und wo sie möglicherweise noch Unterstützung benötigen. Diese schriftliche Reflexion hilft dabei, das Gelernte zu verankern und fördert ein tieferes Verständnis für die eigenen Reaktionen und Verhaltensmuster in Konfliktsituationen. Das Tagebuch kann auch als Werkzeug zur Zielverfolgung dienen, indem die Teilnehmer spezifische Ziele setzen und deren Fortschritt festhalten.

3. **Rollenspiele und Simulationen:** Rollenspiele und Simulationen sind praxisnahe Methoden, die es den Teilnehmern ermöglichen, realistische Situationen nachzustellen und ihre Fähigkeiten in einem geschützten Umfeld auszuprobieren. Durch das Einnehmen verschiedener Rollen können die Teilnehmer unterschiedliche Perspektiven erleben und ein besseres Verständnis für die Dynamiken von Konflikten entwickeln.

Diese Methode fördert nicht nur das Selbstvertrauen, sondern bietet auch die Möglichkeit, Konfliktlösungsstrategien in der Praxis zu testen. Teilnehmer können in einem sicheren Rahmen experimentieren, Fehler machen und daraus lernen, ohne dass reale Konsequenzen auf dem Spiel stehen. Die anschließende Reflexion über die Rollenspiele ist entscheidend, um Erkenntnisse zu gewinnen und die Anwendung der erlernten Strategien zu verfestigen.

4. **Handlungspläne:** Trainer können die Teilnehmer dazu anregen, individuelle

Handlungspläne zu erstellen, die spezifische Schritte zur Anwendung des Gelernten in ihrem Alltag beinhalten. Diese Handlungspläne sollten realistische Ziele und Zeitrahmen enthalten, um die Umsetzung zu erleichtern.

Indem die Teilnehmer konkrete Maßnahmen formulieren, die sie ergreifen wollen, wird ihre Eigenverantwortung gestärkt. Die Handlungspläne können auch als Leitfaden dienen, den die Teilnehmer in herausfordernden Situationen zurate ziehen können. Zudem können die Trainer regelmäßige Überprüfungen der Handlungspläne anregen, um den Fortschritt zu evaluieren und bei Bedarf Anpassungen vorzunehmen.

Insgesamt spielt der Trainer eine zentrale Rolle im systemischen Gewaltschutztraining. Trainer sind nicht nur Wissensvermittler, sondern auch Moderatoren und Unterstützer des Lernprozesses. Durch die Schaffung einer positiven, vertrauensvollen Lernumgebung können Trainer dazu beitragen, dass sich die Teilnehmer sicher fühlen, ihre Gedanken zu teilen und aktiv am Lernprozess teilzunehmen.

Die Förderung des Transfers des Gelernten in den Alltag ist eine der wichtigsten Aufgaben des Trainers. Dazu gehört die Ermutigung zur Reflexion, die

Unterstützung bei der Entwicklung von Handlungsplänen und die Bereitstellung von Ressourcen und Materialien, die den Teilnehmern helfen, ihre Fähigkeiten weiterzuentwickeln.

Durch diese gezielten Maßnahmen können Trainer dazu beitragen, dass die Teilnehmer die erlernten Strategien aktiv und nachhaltig anwenden. Dies ist entscheidend, um ein gewaltfreies und respektvolles Miteinander zu fördern, das nicht nur das individuelle Verhalten, sondern auch die Gemeinschaft als Ganzes positiv beeinflusst.

Kapitel 7: Methoden und Übungen

In diesem Kapitel werden verschiedene Methoden und Übungen vorgestellt, die im Rahmen eines systemischen Gewaltschutztrainings eingesetzt werden können. Der Fokus liegt auf der Schaffung eines positiven Lernumfelds, der Förderung von Empathie und Kommunikation sowie der Verbesserung von Konfliktlösungsfähigkeiten. Die vorgestellten Methoden sind darauf ausgelegt, die Teilnehmer aktiv einzubinden und ihnen Werkzeuge an die Hand zu geben, um gewaltfreies Verhalten zu fördern.

Trainingsaufbau und -verlauf

Ein gut strukturierter Trainingsaufbau ist entscheidend für den Erfolg des Gewaltschutztrainings. Um die Teilnehmer optimal auf das Thema vorzubereiten und sie Schritt für Schritt in die Thematik einzuführen, sollte der Verlauf des Trainings in aufeinanderfolgende Phasen unterteilt werden. Jede Phase hat spezifische Ziele und Methoden, die darauf abzielen, das Lernen zu fördern und die praktische Anwendung des Erlernten zu unterstützen. Im Folgenden werden die einzelnen Phasen detaillierter beschrieben:

1. Einführungsphase

In der Einführungsphase steht die Schaffung eines positiven und sicheren Lernumfelds im Vordergrund. Hier werden die Grundlagen für das gesamte Training gelegt. Zu den zentralen Elementen dieser Phase gehören:

- **Vorstellung des Trainingsziels**: Der Trainer erläutert den Zweck des Trainings, die Bedeutung des gewaltfreien Umgangs und die Relevanz des Themas für die Teilnehmer. Dies schafft ein gemeinsames Verständnis für die Zielsetzung und motiviert die Teilnehmer, aktiv am Training teilzunehmen.

- **Agenda und Regeln**: Eine klare Agenda hilft den Teilnehmern, den Ablauf des Trainings zu verstehen. Es werden Regeln für den respektvollen Umgang miteinander aufgestellt, um eine vertrauensvolle Atmosphäre zu fördern. Beispielsweise könnte die Regel lauten, dass alle Meinungen respektiert und vertraulich behandelt werden.

- **Eisbrecher-Übungen**: Um das Eis zu brechen und eine positive Atmosphäre zu schaffen, können kurze, interaktive Übungen eingesetzt werden. Diese Aktivitäten fördern die

Interaktion und helfen den Teilnehmern, sich besser kennenzulernen. Beispiele hierfür sind Vorstellungsrunden mit kreativen Elementen oder einfache Spiele, die das Teamgefühl stärken.

2. Erarbeitungsphase

Die Erarbeitungsphase ist das Herzstück des Trainings, in dem die Teilnehmer aktiv in den Lernprozess eingebunden werden. Diese Phase umfasst eine Vielzahl von Methoden und Übungen, die darauf abzielen, spezifische Kompetenzen zu vermitteln:

- **Kommunikationstrainings**: Hier lernen die Teilnehmer, wie sie klar und respektvoll kommunizieren können. Übungen zur aktiven Kommunikation, wie das „Ich-Botschaften"-Training, fördern das Verständnis für die eigenen Bedürfnisse und die der anderen.

- **Empathie-Übungen**: Diese Übungen zielen darauf ab, das Einfühlungsvermögen zu stärken. Die Teilnehmer reflektieren über eigene Erfahrungen und lernen, sich in die Perspektiven anderer hineinzuversetzen. Rollenspiele können hier besonders hilfreich sein, um emotionale Reaktionen in Konfliktsituationen nachzuvollziehen.

- **Rollenspiele zur Konfliktlösung**: In dieser Übung simulieren die Teilnehmer reale oder hypothetische Konfliktsituationen. Sie erproben verschiedene Lösungsansätze und erhalten direktes Feedback von ihren Peers und dem Trainer. Dies fördert nicht nur die praktischen Fähigkeiten, sondern auch die Fähigkeit, konstruktiv mit Konflikten umzugehen.

Die aktive Einbindung der Teilnehmer ist entscheidend, um das Gelernte zu verinnerlichen. Gruppenarbeiten, Diskussionen und praktische Übungen sorgen dafür, dass die Theorie in die Praxis umgesetzt wird.

3. Anwendungsphase

In der Anwendungsphase geht es darum, das Erlernte in realen oder simulierten Situationen anzuwenden. Diese Phase trägt dazu bei, das Vertrauen in die eigenen Fähigkeiten zu stärken und das Gelernte in den Alltag zu integrieren:

- **Gruppenarbeit**: Die Teilnehmer arbeiten in Kleingruppen, um spezifische Konfliktszenarien zu analysieren und Lösungen zu entwickeln. Sie nutzen die in der Erarbeitungsphase erlernten Fähigkeiten, um kreative und effektive Ansätze zu finden.

- **Präsentation der Ansätze**: Jede Gruppe präsentiert ihre Lösungen vor den anderen Teilnehmern. Dies fördert nicht nur das Lernen von anderen, sondern auch die Fähigkeit, eigene Ideen klar und überzeugend zu kommunizieren.

- **Feedback-Runden**: Die Präsentationen werden durch konstruktives Feedback ergänzt, sowohl vom Trainer als auch von den anderen Teilnehmern. Dies hilft, das Verständnis zu vertiefen und unterschiedliche Perspektiven zu berücksichtigen.

4. Reflexionsphase

Die Reflexionsphase ist ein zentraler Bestandteil des Trainings, da sie den Teilnehmern hilft, das Gelernte zu verarbeiten und in ihren Alltag zu integrieren:

- **Gruppenfeedback**: Die Teilnehmer haben die Möglichkeit, ihre Gedanken und Gefühle über das Training und die erlernten Inhalte zu teilen. Dies fördert den Austausch und ermöglicht es, verschiedene Sichtweisen zu hören.

- **Individuelle Reflexionen**: Jeder Teilnehmer wird ermutigt, sich Zeit zu nehmen, um über die eigenen Lernfortschritte nachzudenken. Fragen wie „Was habe ich gelernt?" oder „Wie kann ich das Gelernte in meinem Alltag anwenden?" sind hilfreich, um die persönliche Entwicklung zu fördern.

- **Schriftliche Berichte**: In einigen Fällen kann es sinnvoll sein, die Reflexion schriftlich festzuhalten. Diese Berichte dienen nicht nur der Selbstreflexion, sondern können auch als Dokumentation der Fortschritte genutzt werden.

- **Konkrete Schritte für den Alltag**: Abschließend entwickeln die Teilnehmer konkrete Aktionspläne, wie sie das Gelernte in ihrem täglichen Leben umsetzen können. Dies könnte die Festlegung von Zielen oder das Identifizieren von Unterstützungsressourcen umfassen.

Durch diese strukturierte Herangehensweise an das Training wird sichergestellt, dass die Teilnehmer nicht nur Wissen erwerben, sondern auch praktische Fähigkeiten entwickeln, die ihnen helfen, gewaltfreies Verhalten zu fördern und Konflikte konstruktiv zu lösen. Der Trainingsaufbau unterstützt die Teilnehmer dabei, das Gelernte nachhaltig in ihrem Leben zu verankern.

Energizer und Warm-ups

Energizer und Warm-ups sind kurze, aktive Übungen, die gezielt eingesetzt werden, um die Teilnehmer zu motivieren, ihre Energie zu steigern und eine positive, engagierte Atmosphäre zu schaffen. Diese Aktivitäten sind besonders wichtig in Trainings- und Workshopsituationen, da sie helfen, das Eis zu brechen, die Konzentration zu fördern und die Gruppendynamik zu stärken. Durch den Einsatz von Energizern wird nicht nur die physische Energie der Teilnehmer aktiviert, sondern auch ihre mentale Bereitschaft, sich auf den Lernprozess einzulassen. Im Folgenden werden zwei Beispielübungen detaillierter beschrieben.

Beispielübung: „Stühle tauschen"

Beschreibung der Übung: Bei der Übung „Stühle tauschen" wird ein interaktives Element eingeführt, das sowohl Bewegung als auch soziale Interaktion fördert. Die Teilnehmer stellen sich in einem Kreis auf, und ein Stuhl wird entfernt, sodass immer ein Platz weniger vorhanden ist als Teilnehmer. Der Trainer nennt eine spezifische Eigenschaft oder ein gemeinsames Merkmal, z.B. „alle, die ein Haustier haben" oder „alle, die gerne reisen". Die Teilnehmer, auf die die genannte Eigenschaft zutrifft, müssen nun schnell den Platz wechseln und einen anderen Stuhl finden.

Ziele der Übung:

- **Interaktion fördern:** Die Übung ermutigt die Teilnehmer, miteinander in Kontakt zu treten, neue Bekanntschaften zu schließen und sich gegenseitig besser kennenzulernen.

- **Energie steigern:** Die plötzlichen Bewegungen und das Spiel mit den Stühlen bringen Schwung in die Gruppe und sorgen dafür, dass die Teilnehmer aktiv und aufmerksam bleiben.

- **Auflockerung der Atmosphäre:** Durch das spielerische Element wird eine entspannte und freundliche Atmosphäre geschaffen, die das Lernen erleichtert.

Variationen: Um die Übung abwechslungsreicher zu gestalten, kann der Trainer verschiedene Eigenschaften nennen oder die Teilnehmer auffordern, ihre eigenen Eigenschaften zu nennen. Zudem kann die Übung auch in Teams durchgeführt werden, wobei eine bestimmte Anzahl an Stühlen für jedes Team bereitgestellt wird.

Beispielübung: „Energieball"

Beschreibung der Übung: Bei der Übung „Energieball" stehen die Teilnehmer im Kreis und „werfen" einen imaginären Ball hin und her. Jeder Teilnehmer, der den Ball fängt, führt eine vorher festgelegte Bewegung aus, um den Ball weiterzugeben. Diese Bewegungen können variieren, z.B. Hüpfen, Drehen, Klatschen oder eine spezielle Pose einnehmen. Der Trainer kann auch zusätzliche Elemente einführen, wie das Rufen von Namen oder das Ausführen von Geräuschen, um die Übung dynamischer zu gestalten.

Ziele der Übung:

- **Energie steigern**: Das Werfen des imaginären Balls und die dazugehörigen Bewegungen aktivieren den Körper und steigern die allgemeine Energie der Gruppe. Die Teilnehmer fühlen sich lebendiger und wacher, was die Lernbereitschaft fördert.

- **Spaß und Freude**: Diese Übung hat einen spielerischen Charakter, der die Stimmung hebt und die Teilnehmer zum Lachen bringt. Spaß ist ein wichtiger Faktor für effektives Lernen und fördert die positive Gruppendynamik.

- **Kreativität anregen**: Durch das Einführen neuer Bewegungen und Variationen haben die Teilnehmer die Möglichkeit, kreativ zu sein und ihre Individualität auszudrücken.

Variationen: Der Trainer kann die Übung anpassen, indem er unterschiedliche Bewegungen oder Herausforderungen einführt, wie z.B. das Hinzufügen von Musik, rhythmischen Elementen oder das Wechseln der Richtung, in der der „Energieball" geworfen wird. Zusätzlich könnte die Übung auch in Teams durchgeführt werden, um den Wettbewerb und die Zusammenarbeit zu fördern.

Energizer und Warm-ups sind unverzichtbare Komponenten in jedem Training, da sie nicht nur die physische Aktivität der Teilnehmer anregen, sondern auch die soziale Interaktion und den Teamgeist fördern. Durch die sorgfältige Auswahl und Durchführung solcher Übungen kann der Trainer sicherstellen, dass die Teilnehmer motiviert und aufnahmebereit sind, was den gesamten Lernprozess erheblich verbessert.

Vertrauens- und Kooperationsübungen

Vertrauens- und Kooperationsübungen spielen eine zentrale Rolle in der Förderung des Miteinanders und der Gemeinschaft innerhalb einer Gruppe. Diese Übungen helfen, Barrieren abzubauen, das Vertrauen zwischen den Teilnehmern zu stärken und die Kommunikationsfähigkeiten zu verbessern. Indem die Teilnehmer lernen, sich aufeinander zu verlassen und gemeinsam an Zielen zu arbeiten, wird eine positive Gruppendynamik geschaffen, die für das Lernen und die persönliche Entwicklung von großer Bedeutung ist. Im Folgenden werden zwei Beispielübungen detailliert beschrieben.

Beispielübung: „Blindes Vertrauen"

Beschreibung der Übung: Bei der Übung „Blindes Vertrauen" wird ein Teilnehmer mit einer Augenbinde oder einem Tuch verbunden, sodass er nichts sehen kann. Ein Partner, der die Augen des Blinden führt, leitet ihn durch verschiedene Herausforderungen oder einen kurzen Parcours. Der blinde Teilnehmer muss den Anweisungen seines Partners vertrauen und sich auf dessen Stimme verlassen, um sich sicher durch die Umgebung zu bewegen.

Ziele der Übung:

- **Vertrauen aufbauen**: Diese Übung erfordert ein hohes Maß an Vertrauen zwischen den Teilnehmern. Der geführte Teilnehmer lernt, sich auf die Anweisungen des Partners zu verlassen, während der Partner Verantwortung übernimmt und für das Wohlergehen seines Gegenübers sorgt.

- **Kommunikation verbessern**: Die Übung fördert die verbale Kommunikation, da der anleitende Partner klare und präzise Anweisungen geben muss, um dem Blinden zu helfen. Dies schärft die Kommunikationsfähigkeiten und das aktive Zuhören.

- **Empathie entwickeln**: Indem die Teilnehmer in die Rolle des Blinden schlüpfen, entwickeln sie ein besseres Verständnis für die Herausforderungen, die andere Menschen in ähnlichen Situationen erleben. Dies fördert das Einfühlungsvermögen und die Sensibilität im Umgang miteinander.

Variationen: Um die Übung abwechslungsreicher zu gestalten, kann der Trainer verschiedene Umgebungen oder Hindernisse einführen, die die

Teilnehmer überwinden müssen. Auch das Rotieren der Rollen – sodass jeder Teilnehmer einmal sowohl die Rolle des Blinden als auch die des Führenden einnimmt – kann die Lernerfahrung bereichern.

Beispielübung: „Die Menschenpyramide"

Beschreibung der Übung: In der Übung „Die Menschenpyramide" arbeiten die Teilnehmer in kleinen Gruppen zusammen, um eine Pyramide aus Körpern zu bilden. Die Gruppen erhalten die Aufgabe, eine bestimmte Anzahl von Personen in einer Pyramidenstruktur anzuordnen, wobei die unterste Ebene die größte Fläche einnimmt und die obersten Ebenen immer kleiner sind. Diese Übung erfordert nicht nur physische Koordination, sondern auch strategische Planung und Zusammenarbeit.

Ziele der Übung:

- **Teamarbeit und Zusammenarbeit**: Um die Pyramide erfolgreich zu bilden, müssen die Teilnehmer effektiv zusammenarbeiten, ihre unterschiedlichen Stärken nutzen und sich gegenseitig unterstützen. Dies stärkt den Teamgeist und das Gemeinschaftsgefühl.

- **Problemlösungsfähigkeiten fördern**: Die Gruppen stehen vor der Herausforderung, ihre Strategie zu entwickeln und die beste

Vorgehensweise zu finden, um die Pyramide stabil und sicher zu gestalten. Dies fördert kreatives Denken und das Finden von Lösungen.

- **Körperbewusstsein und Koordination**: Die Teilnehmer müssen ihre körperlichen Fähigkeiten und ihr Gleichgewicht koordinieren, was auch das Bewusstsein für den eigenen Körper und den Raum verbessert.

Variationen: Um die Übung anspruchsvoller zu gestalten, kann der Trainer zusätzliche Regeln einführen, wie z.B. eine zeitliche Begrenzung oder die Notwendigkeit, bestimmte Positionen zu erreichen, ohne dabei zu sprechen. Diese Variationen erhöhen den Schwierigkeitsgrad und fördern die Kreativität in der Zusammenarbeit.

Vertrauens- und Kooperationsübungen sind unverzichtbare Elemente in jedem Training, das auf Teamentwicklung und persönliche Wachstum abzielt. Durch gezielte Aktivitäten, die Vertrauen schaffen und die Zusammenarbeit fördern, können die Teilnehmer nicht nur ihre sozialen Fähigkeiten verbessern, sondern auch ein starkes Gefühl der Gemeinschaft entwickeln. Solche Übungen tragen dazu bei, ein unterstützendes und respektvolles Umfeld zu schaffen, in dem Lernen und persönliches Wachstum gedeihen können.

Empathietraining und Kommunikationsübungen

Empathietraining und Kommunikationsübungen sind essenziell für die Förderung von Verständnis, Mitgefühl und respektvollem Umgang zwischen den Teilnehmern. In einer zunehmend vielfältigen und komplexen Welt ist die Fähigkeit, sich in andere hineinzuversetzen und effektiv zu kommunizieren, entscheidend für die Schaffung harmonischer Beziehungen und die Vermeidung von Missverständnissen oder Konflikten. Diese Übungen tragen dazu bei, ein gewaltfreies Verhalten zu unterstützen und die soziale Kompetenz der Teilnehmer zu stärken. Im Folgenden werden zwei Beispielübungen ausführlicher beschrieben.

Beispielübung: „Perspektivwechsel"

Beschreibung der Übung: Bei der Übung „Perspektivwechsel" schlüpfen die Teilnehmer in die Rolle einer anderen Person, die in einem bestimmten Konfliktszenario involviert ist. Dies kann eine fiktive Figur aus einem Rollenspiel, ein Charakter aus einem Film oder sogar eine reale Person aus ihrem Umfeld sein. Die Teilnehmer erhalten die Aufgabe, die Sichtweise und die Emotionen dieser Person zu ergründen und in einer Gruppendiskussion oder in Kleingruppen zu erörtern, wie sich die Situation aus ihrer Perspektive darstellt.

Ziele der Übung:

- **Einfühlungsvermögen entwickeln:** Indem die Teilnehmer die Perspektive einer anderen Person einnehmen, können sie deren Gedanken, Gefühle und Motivationen besser verstehen. Dies fördert das Einfühlungsvermögen und hilft, Vorurteile abzubauen.

- **Konfliktbewältigung:** Die Übung ermöglicht den Teilnehmern, unterschiedliche Sichtweisen zu erkennen und zu analysieren, was zu einem besseren Verständnis von Konflikten und deren Lösungsmöglichkeiten führt. Dies ist besonders wertvoll in Team- oder Gruppenarbeiten, wo unterschiedliche Meinungen aufeinandertreffen können.

- **Kommunikationsfähigkeiten stärken:** Durch den Austausch über die verschiedenen Perspektiven lernen die Teilnehmer, ihre eigenen Ideen klarer zu formulieren und die Ansichten anderer zu respektieren. Dies fördert eine offene und respektvolle Kommunikationskultur.

Variationen: Der Trainer kann die Übung anpassen, indem er spezifische Konfliktszenarien vorgibt oder die Teilnehmer auffordert, ihre eigenen Konflikte zu teilen. Zudem können kreative Elemente wie das Erstellen von Skizzen oder das Verfassen von Briefen aus der Sicht der jeweiligen Figur integriert werden, um die Reflexion zu vertiefen.

Beispielübung: „Aktives Zuhören"

Beschreibung der Übung: In der Übung „Aktives Zuhören" arbeiten die Teilnehmer in Paaren und tauschen abwechselnd ihre Gedanken und Meinungen zu einem bestimmten Thema aus. Während einer der beiden Partner spricht, hört der andere aktiv zu, ohne zu unterbrechen. Anschließend fasst der Zuhörer das Gehörte in eigenen Worten zusammen, um sicherzustellen, dass er die Botschaft korrekt verstanden hat. Danach wechseln die Rollen.

Ziele der Übung:

- **Aktives Zuhören fördern:** Diese Übung schult die Fähigkeit, aktiv zuzuhören, was bedeutet, sich voll und ganz auf den Gesprächspartner zu konzentrieren. Aktives Zuhören erfordert Aufmerksamkeit und Engagement, was die

Qualität der Kommunikation erheblich verbessert.

- **Missverständnisse vermeiden**: Durch das Zusammenfassen des Gehörten wird sichergestellt, dass Informationen korrekt erfasst wurden. Dies hilft, Missverständnisse und Kommunikationsfehler zu minimieren, die in vielen zwischenmenschlichen Beziehungen entstehen können.

- **Selbstbewusstsein und Empathie stärken**: Teilnehmer lernen, ihre eigenen Gedanken und Gefühle zu äußern und gleichzeitig die Perspektive des anderen zu respektieren. Dies fördert sowohl das Selbstbewusstsein als auch das Verständnis für die Emotionen und Ansichten anderer.

Variationen: Der Trainer kann unterschiedliche Themen vorgeben, die die Teilnehmer diskutieren sollen, oder spezielle Techniken des aktiven Zuhörens einführen, wie z.B. das Stellen von offenen Fragen oder das Reflektieren von Emotionen. Zudem kann die Übung auch in größeren Gruppen durchgeführt werden, in denen die Teilnehmer ihre Erfahrungen und Erkenntnisse im Plenum teilen.

Empathietraining und Kommunikationsübungen sind unverzichtbare Bestandteile in Trainingsprogrammen, die darauf abzielen, soziale Fähigkeiten zu entwickeln und ein respektvolles Miteinander zu fördern. Durch gezielte Übungen, die Empathie und aktives Zuhören in den Mittelpunkt stellen, können die Teilnehmer nicht nur ihre zwischenmenschlichen Beziehungen verbessern, sondern auch ein tieferes Verständnis für die Komplexität menschlicher Interaktionen entwickeln. Solche Fähigkeiten sind entscheidend, um ein positives, gewaltfreies Umfeld zu schaffen, in dem jeder Einzelne wertgeschätzt wird und sich sicher fühlen kann.

7.5 Anti-Blamier-Übungen und Rollenspiele

Anti-Blamier-Übungen und Rollenspiele spielen eine entscheidende Rolle im Training für den Umgang mit Konflikten und der Stärkung des Selbstbewusstseins der Teilnehmer. In der heutigen Gesellschaft, in der Konflikte und Auseinandersetzungen unvermeidlich sind, ist es von großer Bedeutung, dass Menschen in der Lage sind, diese Herausforderungen sicher und konstruktiv zu meistern. Durch gezielte Übungen können Teilnehmer lernen, ihre Ängste abzubauen, ihre Kommunikationsfähigkeiten zu verbessern und gewaltfreie Lösungen zu erarbeiten. Im Folgenden werden zwei Beispielübungen detailliert beschrieben.

Beispielübung: „Rollenspiel zu Konfliktszenarien"

Beschreibung der Übung: In dieser Übung werden verschiedene Konfliktszenarien in einem Rollenspiel nachgestellt. Die Teilnehmer werden in Gruppen eingeteilt und erhalten jeweils ein spezifisches Konfliktszenario, das sie nachspielen sollen. Die Szenarien können alltägliche Konflikte darstellen, wie z.B. Missverständnisse am Arbeitsplatz, unterschiedliche Meinungen in einer Freundschaft oder Konflikte in der Familie. Die Teilnehmer haben die Aufgabe, innerhalb ihrer Gruppe gewaltfreie Lösungen zu erarbeiten und diese im Rollenspiel zu präsentieren.

Ziele der Übung:

- **Praktisches Lernen:** Die Teilnehmer erfahren direkt, wie Konflikte entstehen und welche Dynamiken dabei eine Rolle spielen. Durch das Nachspielen von Szenarien können sie Strategien entwickeln, um Konflikte konstruktiv zu lösen.

- **Feedback-Kultur fördern:** Nach dem Rollenspiel gibt die Gruppe Feedback zu den Lösungsansätzen der einzelnen Teilnehmer. Dies fördert eine Kultur des konstruktiven

Feedbacks und ermutigt die Teilnehmer, ihre Ideen zu teilen und voneinander zu lernen.

- **Selbstbewusstsein stärken**: Durch die aktive Teilnahme an Rollenspielen wird das Selbstbewusstsein der Teilnehmer gestärkt. Sie lernen, ihre Stimme zu erheben und ihre Ansichten in einem geschützten Rahmen zu äußern, was ihnen helfen kann, auch in realen Konfliktsituationen sicherer aufzutreten.

Variationen: Die Szenarien können je nach Gruppe und Zielsetzung angepasst werden. Der Trainer kann spezifische Herausforderungen einführen, wie z.B. emotionale Elemente oder unerwartete Wendungen, um die Reaktionsfähigkeit der Teilnehmer zu testen. Zudem können die Teilnehmer auch die Rollen wechseln, um verschiedene Perspektiven zu verstehen und ihre Empathiefähigkeit zu stärken.

Beispielübung: „Die Blamierfalle"

Beschreibung der Übung: In der Übung „Die Blamierfalle" kommen die Teilnehmer zusammen, um ihre größten Ängste oder Unsicherheiten in Bezug auf Konflikte offen zu teilen. Jeder Teilnehmer hat die Möglichkeit, seine Gedanken und Gefühle in einer sicheren und unterstützenden Umgebung zu äußern. Die Gruppe diskutiert anschließend die verschiedenen Ängste und erörtert, wie diese Ängste oft zu einem Gefühl der Blamierbarkeit führen können.

Ziele der Übung:

- **Ängste abbauen**: Durch das Teilen von persönlichen Ängsten wird das Stigma der Blamierbarkeit verringert. Die Teilnehmer erkennen, dass sie nicht allein sind und dass viele Menschen ähnliche Bedenken haben.

- **Offene Diskussion fördern**: Die Übung schafft einen Raum für eine offene und ehrliche Diskussion über Konflikte und die damit verbundenen Ängste. Dies kann dazu beitragen, Missverständnisse auszuräumen und eine stärkere Gemeinschaft innerhalb der Gruppe zu bilden.

- **Selbstreflexion anregen**: Indem die Teilnehmer über ihre eigenen Ängste nachdenken, können sie ein besseres Verständnis für ihre Reaktionen in Konfliktsituationen entwickeln. Dies fördert die Selbstreflexion und hilft, proaktive Strategien zur Bewältigung von Konflikten zu entwickeln.

Variationen: Um die Übung zu erweitern, können die Teilnehmer gebeten werden, Lösungsmöglichkeiten für ihre Ängste zu erarbeiten oder Strategien zu entwickeln, um mit potenziellen Konflikten umzugehen. Eine weitere Möglichkeit wäre, die Teilnehmer in kleinen Gruppen arbeiten zu lassen, um eine intensivere Diskussion zu ermöglichen und die Hemmschwelle zu senken.

Anti-Blamier-Übungen und Rollenspiele sind wertvolle Instrumente, um den sicheren Umgang mit Konflikten zu trainieren und das Selbstbewusstsein der Teilnehmer zu stärken. Durch praktische Übungen und offene Diskussionen können die Teilnehmer lernen, ihre Ängste zu überwinden, gewaltfreie Lösungen zu finden und ihre Kommunikationsfähigkeiten zu verbessern. Diese Fähigkeiten sind nicht nur in der persönlichen Entwicklung von Bedeutung, sondern tragen auch zu einem harmonischeren Miteinander in verschiedenen Lebensbereichen bei. Indem sie sich aktiv mit Konflikten auseinandersetzen, können die Teilnehmer lernen, diese Herausforderungen als Chancen für Wachstum und Verständnis zu sehen.

Cool-downs und Entspannungsübungen

Cool-downs und Entspannungsübungen sind wesentliche Bestandteile eines jeden Trainingsprogramms, insbesondere nach intensiven Diskussionen und Aktivitäten. Sie tragen dazu bei, den

Teilnehmern zu helfen, sich zu entspannen, ihre Gedanken zu sammeln und die erlebten Emotionen und Informationen zu verarbeiten. Diese Übungen fördern nicht nur das körperliche Wohlbefinden, sondern auch die mentale Klarheit und die emotionale Ausgeglichenheit. Indem sie regelmäßig in die Sitzungen integriert werden, können sie die allgemeine Effektivität des Lernprozesses steigern und das Engagement der Teilnehmer fördern. Im Folgenden werden zwei Beispielübungen detaillierter beschrieben.

Beispielübung: „Atemübung"

Beschreibung der Übung: In dieser Übung werden die Teilnehmer eingeladen, sich bequem hinzusetzen, entweder auf Stühlen oder auf dem Boden, und eine aufrechte, aber entspannte Körperhaltung einzunehmen. Der Trainer erklärt zunächst die Bedeutung der Atmung für das Wohlbefinden und wie bewusstes Atmen helfen kann, Stress abzubauen. Die Teilnehmer werden angeleitet, sich auf den natürlichen Rhythmus ihrer Atmung zu konzentrieren. Nach einer kurzen Einleitung beginnen sie, tief einzuatmen, den Atem für einen Moment zu halten und dann langsam und vollständig auszuatmen. Dieser Prozess wird mehrmals wiederholt, während der Trainer den Teilnehmern hilft, sich auf ihre

Empfindungen zu konzentrieren und ihre Gedanken loszulassen.

Ziele der Übung:

- **Stressabbau:** Durch die Fokussierung auf die Atmung können die Teilnehmer den Stress des vorhergehenden Programms hinter sich lassen und sich in einen entspannten Zustand versetzen. Das bewusste Ein- und Ausatmen aktiviert das parasympathische Nervensystem, das für Entspannung und Regeneration verantwortlich ist.

- **Konzentration fördern:** Die Atemübung hilft den Teilnehmern, ihre Gedanken zu klären und sich auf den Moment zu konzentrieren. Dies ist besonders wichtig, um die Aufnahme neuer Informationen und die Reflexion über das zuvor Gelernte zu unterstützen.

- **Körperbewusstsein stärken:** Indem die Teilnehmer sich auf ihre Atmung konzentrieren, entwickeln sie ein besseres Bewusstsein für ihren Körper und ihre Emotionen. Dies kann dazu beitragen, Spannungen und Blockaden zu erkennen und zu lösen.

Variationen: Die Atemübung kann an die Bedürfnisse der Gruppe angepasst werden. Zum Beispiel können verschiedene Atemtechniken eingeführt werden, wie die 4-7-8 Atmung (4 Sekunden einatmen, 7 Sekunden den Atem halten, 8 Sekunden ausatmen) oder das Zählen der Atemzüge, um die Teilnehmer zu unterstützen, ihre Konzentration zu vertiefen.

Beispielübung: „Geführte Meditation"

Beschreibung der Übung: In dieser Übung leitet der Trainer eine kurze geführte Meditation an, die den Teilnehmern hilft, sich zu zentrieren und innere Ruhe zu finden. Der Trainer beginnt damit, die Teilnehmer aufzufordern, sich bequem hinzusetzen oder zu legen und ihre Augen zu schließen. Er erklärt, dass diese Meditation eine Gelegenheit ist, sich von den Gedanken und Emotionen des Tages zu lösen und einen Moment der Stille und Reflexion zu genießen. Der Trainer führt die Teilnehmer durch eine Reihe von Visualisierungen, die sich auf die Natur, das Atmen oder positive Affirmationen konzentrieren. Während dieser Zeit werden sanfte Musik oder beruhigende Klänge im Hintergrund abgespielt, um eine entspannende Atmosphäre zu schaffen.

Ziele der Übung:

- **Innere Ruhe finden:** Die geführte Meditation bietet den Teilnehmern die Möglichkeit, sich von äußeren Ablenkungen zu lösen und einen Zustand innerer Ruhe zu erreichen. Dieser Zustand ist wichtig, um die erlebten Emotionen und Informationen zu verarbeiten und sich auf die nächsten Schritte zu konzentrieren.

- **Achtsamkeit entwickeln:** Durch die Meditation lernen die Teilnehmer, im gegenwärtigen Moment zu sein und ihre Gedanken ohne Urteil zu beobachten. Dies fördert die Achtsamkeit und hilft, negative Gedankenmuster zu erkennen und loszulassen.

- **Emotionale Balance fördern:** Die geführte Meditation kann auch helfen, emotionale Spannungen abzubauen und das allgemeine Wohlbefinden zu steigern. Durch das Praktizieren von Achtsamkeit und innerer Ruhe können die Teilnehmer lernen, besser mit Stress und Herausforderungen umzugehen.

Variationen: Die geführte Meditation kann thematisch angepasst werden, je nach Bedarf der

Gruppe. Beispielsweise könnte der Trainer spezifische Themen wie Dankbarkeit, Selbstliebe oder Stressbewältigung in die Meditation integrieren. Zudem können verschiedene Meditationsstile wie Body-Scan oder Metta-Meditation (Liebende Güte) ausprobiert werden, um unterschiedliche Ansätze zur Entspannung und Selbstreflexion zu bieten.

Cool-downs und Entspannungsübungen sind unerlässlich, um den Teilnehmern zu helfen, nach intensiven Diskussionen und Aktivitäten zu entspannen und ihre Gedanken zu sammeln. Durch einfache Atemübungen und geführte Meditationen können die Teilnehmer Stress abbauen, ihre Konzentration fördern und ein besseres Körperbewusstsein entwickeln. Diese Übungen tragen nicht nur zur Verbesserung des individuellen Wohlbefindens bei, sondern stärken auch die Gruppendynamik und unterstützen den Lernprozess. Indem sie regelmäßig in die Sitzungen integriert werden, können sie dazu beitragen, eine positive und unterstützende Atmosphäre zu schaffen, die das persönliche Wachstum und die Entwicklung der Teilnehmer fördert.

Insgesamt ist es wichtig, dass die Methoden und Übungen im systemischen Gewaltschutztraining gut strukturiert und auf die Bedürfnisse der Teilnehmer abgestimmt sind. Durch die Kombination von aktiven, interaktiven und reflexiven Elementen wird ein ganzheitliches Training ermöglicht, das die Teilnehmer dazu anregt, gewaltfreies Verhalten zu fördern und Konflikte konstruktiv zu lösen.

Kapitel 8: Systemische Techniken

Systemische Grundlagen

Die systemische Herangehensweise ist ein wesentlicher Bestandteil der Arbeit im Bereich des systemischen Gewaltschutztrainings und Konfliktbewältigung. Sie betrachtet Probleme nicht isoliert, sondern im Kontext ihrer sozialen, emotionalen und kulturellen Umfelder. Die systemische Perspektive hilft dabei, die komplexen Wechselwirkungen zwischen Individuen und ihren sozialen Systemen zu verstehen und bietet Werkzeuge, um Veränderungsprozesse zu initiieren.

Wie bereits in den vorherigen Kapiteln mehrfach angesprochen, ist Gewalt ein vielschichtiges Phänomen, das tief in den sozialen Strukturen verwurzelt ist. Diese Strukturen beeinflussen, wie Konflikte entstehen, wie sie wahrgenommen werden und welche Lösungsansätze verfolgt werden. Insbesondere die in Kapitel 1 behandelte Definition von Gewalt verdeutlicht, dass Gewalt nicht nur individuelle Handlungen sind, sondern auch als Resultat von sozialen Normen und Machtverhältnissen verstanden werden müssen.

In diesem Kontext bietet die systemische Herangehensweise die Möglichkeit, Muster und

Dynamiken innerhalb von sozialen Systemen zu identifizieren, die zu Gewalt führen können. So wie in Kapitel 3 über die konfrontative Arbeit erläutert, ist es notwendig, Spannungen und Konflikte direkt anzugehen, anstatt sie zu ignorieren. Die systemische Perspektive fördert eine proaktive Auseinandersetzung mit diesen Themen, indem sie die Beteiligten ermutigt, ihre Rollen und Verantwortlichkeiten innerhalb des Systems zu reflektieren.

Die Techniken des systemischen Trainings, die in diesem Kapitel behandelt werden, zielen darauf ab, Resilienz und Empathie zu fördern, zwei Schlüsselkompetenzen, die nicht nur zur individuellen Entwicklung beitragen, sondern auch die kollektive Fähigkeit zur gewaltfreien Konfliktlösung stärken. Diese Herangehensweise ist besonders wichtig in einem gesellschaftlichen Kontext, in dem Gewalt häufig als normalisiert oder akzeptiert wahrgenommen wird, wie es in den vorherigen Kapiteln thematisiert wurde.

Zusammengefasst ermöglicht die systemische Herangehensweise eine umfassende Analyse und Intervention in Gewaltsituationen, indem sie die Wechselwirkungen zwischen individuellen, sozialen und kulturellen Faktoren berücksichtigt. Diese

Perspektive ist entscheidend, um nachhaltige Veränderungen zu bewirken und ein gewaltfreies Miteinander zu fördern.

Einführung in systemische Denkweisen

Systemische Denkweisen basieren auf der Überzeugung, dass Individuen in sozialen Systemen eingebettet sind, die ihr Verhalten, ihre Wahrnehmungen und ihre Interaktionen maßgeblich beeinflussen. Diese Denkweise geht davon aus, dass Menschen nicht isoliert agieren, sondern Teil eines komplexen Netzwerks von Beziehungen sind, das ihre Identität und ihre Handlungen formt. In diesem Kontext ist es wichtig, die Dynamiken und Strukturen zu erkennen, die innerhalb dieser sozialen Systeme bestehen, da sie oft die Ursache für Konflikte und Gewalt darstellen.

Ein zentrales Merkmal systemischen Denkens ist die Wertschätzung der Beziehungen zwischen den Individuen. Diese Beziehungen sind nicht statisch, sondern dynamisch und verändern sich ständig, basierend auf Interaktionen, Erfahrungen und Emotionen. Konflikte entstehen häufig aus einem Ungleichgewicht in diesen Beziehungen – sei es durch Machtmissbrauch, ungleiche Kommunikation oder unklare Rollenverteilungen. Im Kontext des Gewaltschutzes ist es entscheidend, diese zugrunde liegenden Strukturen und Dynamiken zu verstehen, um die Ursachen von Gewalt effektiv anzugehen. Gewaltschutz ist nicht nur eine Frage der individuellen Verantwortung, sondern erfordert ein Verständnis der sozialen Kontexte, in denen Gewalt entsteht.

Ein weiterer zentraler Aspekt systemischen Denkens ist die Betrachtung von Ressourcen und Stärken innerhalb eines Systems. Statt sich ausschließlich auf Probleme und Defizite zu konzentrieren, fördert die systemische Perspektive die Identifikation und Wertschätzung der Fähigkeiten und Ressourcen der Beteiligten. Dies kann dazu beitragen, positive Veränderungen zu initiieren und gewaltfreie Lösungen zu finden. Beispielsweise können Workshops und Trainings, die auf die Stärkung von Fähigkeiten wie Kommunikation, Empathie und Konfliktlösung abzielen, die Teilnehmer befähigen, konstruktiv mit Herausforderungen umzugehen.

Darüber hinaus fördert die systemische Denkweise eine Kultur des Dialogs und der Offenheit. Indem alle Stimmen innerhalb eines Systems gehört und respektiert werden, wird die Möglichkeit geschaffen, gemeinsame Lösungen zu entwickeln, die von allen Beteiligten getragen werden. Dies ist besonders wichtig in gewaltschutzrelevanten Kontexten, in denen das Verständnis für die Perspektiven anderer entscheidend ist, um Gewalt zu verhindern und Konflikte zu lösen.

Ein praktisches Beispiel für die Anwendung systemischer Denkweisen könnte ein gemeinsames Gespräch zwischen Betroffenen und Tätern sein, in dem die Dynamiken ihrer Beziehung beleuchtet werden. Durch die Reflexion über die zugrunde liegenden Muster und Verhaltensweisen können beide Seiten ein besseres Verständnis für die Ursachen von Konflikten entwickeln und gemeinsam nach Lösungen suchen, die auf einer respektvollen und gewaltfreien Interaktion basieren.

Zusammenfassend lässt sich sagen, dass systemische Denkweisen eine wertvolle Grundlage für die Arbeit im Bereich Gewaltschutz und Konfliktbewältigung bieten. Sie ermöglichen es, die komplexen Beziehungen und Strukturen zu erkennen, die zu Gewalt führen, und helfen dabei, Ressourcen und Stärken zu mobilisieren, um positive Veränderungen zu fördern. Die systemische Perspektive ermutigt dazu, über die individuellen Handlungen hinauszublicken und die kollektiven Dynamiken zu betrachten, die unser Verhalten in sozialen Kontexten prägen.

Die 5 Freiheiten nach Virginia Satir

Virginia Satir, eine Pionierin der systemischen Familientherapie, entwickelte die "5 Freiheiten" als fundamentale Prinzipien, die eine gesunde Kommunikation und Interaktion zwischen Menschen fördern können. Diese Freiheiten dienen nicht nur der individuellen Entfaltung, sondern auch der Stärkung zwischenmenschlicher Beziehungen und der Schaffung eines respektvollen, unterstützenden Umfelds. Sie sind besonders relevant im Kontext der Konfliktlösung und des Gewaltschutztrainings, da sie die Basis für offene und ehrliche Gespräche bilden.

1. **Die Freiheit, zu sehen und zu hören, was jetzt ist.** Diese Freiheit ermutigt Individuen, die gegenwärtige Realität und die aktuelle Situation objektiv wahrzunehmen. Es geht darum, nicht nur die äußeren Umstände, sondern auch die eigenen Gedanken und Gefühle zu erkennen, ohne sie zu bewerten oder zu verurteilen. Diese Wahrnehmung ist entscheidend, um unangemessene Annahmen oder Vorurteile zu vermeiden. In einem Trainingskontext ermöglicht es den Teilnehmern, ein klares Verständnis für die Situation zu entwickeln, bevor sie in den Dialog treten. Diese Freiheit fördert eine authentische

Auseinandersetzung mit dem Hier und Jetzt und legt den Grundstein für die folgenden Freiheiten.

2. **Die Freiheit, zu sagen, was man sieht und hört.** Diese Freiheit bezieht sich auf die Erlaubnis, die eigene Wahrnehmung und Beobachtungen offen auszusprechen. Sie ermutigt dazu, die eigene Perspektive zu teilen, ohne Angst vor Missverständnissen oder negativer Reaktion. Diese Offenheit ist entscheidend für die Schaffung eines transparenten Kommunikationsklimas und trägt dazu bei, Missverständnisse und Konflikte frühzeitig zu identifizieren. In einem gewaltschutzrelevanten Kontext kann dies helfen, potenzielle Eskalationen zu verhindern, indem alle Beteiligten ihre Sichtweisen klar artikulieren.

3. **Die Freiheit, zu fühlen, was man fühlt.** Emotionen spielen eine zentrale Rolle in menschlichen Interaktionen, und die Freiheit, die eigenen Gefühle zu akzeptieren und zu erkennen, ist ein wichtiger Bestandteil der emotionalen Intelligenz. Diese Freiheit ermutigt die Teilnehmer, sich ihrer Emotionen bewusst zu werden und diese als legitimen

Ausdruck ihrer inneren Welt zu akzeptieren. Indem Menschen ihre Gefühle anerkennen, können sie besser verstehen, wie diese Emotionen ihr Verhalten beeinflussen. Dies ist besonders wichtig, um in Konfliktsituationen empathisch und verständnisvoll zu reagieren.

4. **Die Freiheit, zu sagen, was man fühlt.** Diese Freiheit geht einen Schritt weiter und ermutigt die Teilnehmer, ihre Gefühle offen zu kommunizieren. Dies ist entscheidend, um Missverständnisse zu klären und emotionale Bedürfnisse auszudrücken. Oftmals werden Gefühle in Konfliktsituationen unterdrückt oder nicht klar artikuliert, was zu einer Eskalation der Spannungen führen kann. Indem Menschen lernen, ihre Emotionen auszudrücken, schaffen sie Raum für Verständnis und Empathie. Diese Freiheit fördert eine tiefere Verbindung zwischen den Beteiligten und trägt dazu bei, die emotionale Barriere abzubauen, die oft zwischen Konfliktparteien steht.

5. **Die Freiheit, das zu bekommen, was man sagt.** Diese Freiheit bezieht sich auf das Recht, dass die eigenen Bedürfnisse und Wünsche ernst genommen und respektiert werden. Es

geht darum, dass die Äußerungen von Bedürfnissen und Gefühlen auch tatsächlich in der Realität Gehör finden und berücksichtigt werden. Diese Freiheit ist entscheidend, um ein Gefühl der Wertschätzung und des Respekts innerhalb einer Beziehung zu schaffen. In einem Trainingskontext können die Teilnehmer lernen, wie sie ihre Bedürfnisse klar und respektvoll kommunizieren, wodurch sie die Chance erhöhen, dass ihre Anliegen tatsächlich Gehör finden und in die Tat umgesetzt werden.

Durch die Integration der "5 Freiheiten" in Trainingsprogramme und Konfliktlösungsansätze kann ein sicheres und unterstützendes Umfeld geschaffen werden, in dem alle Stimmen gehört werden. Diese Freiheiten fördern eine Kultur der Offenheit, in der die Teilnehmer ermutigt werden, ihre Meinungen und Gefühle auszudrücken, ohne Angst vor negativen Konsequenzen zu haben. In einem solchen Umfeld wird es einfacher, Konflikte konstruktiv anzugehen und gewaltfreie Lösungen zu finden. Die Prinzipien von Virginia Satir bieten somit nicht nur einen theoretischen Rahmen, sondern auch praktische Anleitungen für die Gestaltung effektiver Kommunikationsprozesse in verschiedenen sozialen Kontexten.

Techniken zur Förderung von Resilienz und Empathie

Im Kontext des systemischen Gewaltschutzes sind Resilienz und Empathie entscheidende Faktoren, um gewaltfreies Verhalten zu fördern und Konflikte konstruktiv zu lösen. Verschiedene Techniken können eingesetzt werden, um diese Kompetenzen zu stärken:

1. **Stärkung von Resilienz:** Resilienz bezeichnet die Fähigkeit, mit Stress und Herausforderungen umzugehen und sich von Rückschlägen zu erholen. Techniken wie Achtsamkeitstraining, Problemlösungsstrategien und Stressbewältigungsübungen können den Teilnehmern helfen, ihre Resilienz zu entwickeln. Workshops, die sich auf persönliche Stärken und Ressourcen konzentrieren, fördern ein positives Selbstbild und stärken das Vertrauen in die eigenen Fähigkeiten.

2. **Förderung von Empathie:** Empathie ist entscheidend für den respektvollen Umgang miteinander und die Lösung von Konflikten. Übungen wie Perspektivwechsel, in denen Teilnehmer die Sichtweise anderer einnehmen,

können das Einfühlungsvermögen fördern. Rollenspiele, bei denen die Teilnehmer emotionale Reaktionen in Konfliktsituationen simulieren, unterstützen das Verständnis für die Gefühle und Bedürfnisse anderer.

3. **Aktives Zuhören:** Diese Technik fördert die Kommunikation und das Verständnis zwischen den Teilnehmern. Durch aktives Zuhören lernen die Teilnehmer, die Perspektiven und Emotionen anderer zu erkennen und wertzuschätzen. Übungen, die aktives Zuhören trainieren, helfen, Missverständnisse zu vermeiden und die Gruppendynamik zu stärken.

4. **Feedback-Kultur:** Eine offene Feedback-Kultur, in der konstruktive Rückmeldungen gegeben werden können, fördert das Lernen und die persönliche Entwicklung. Regelmäßige Reflexionen und Feedback-Runden helfen den Teilnehmern, ihre eigenen Fortschritte zu erkennen und voneinander zu lernen.

Durch den Einsatz dieser Techniken können Trainer und Teilnehmer gemeinsam an der Förderung von Resilienz und Empathie arbeiten, was entscheidend für die Schaffung eines gewaltfreien und respektvollen Umfelds ist. Die systemische

Perspektive bietet einen umfassenden Rahmen, um diese Fähigkeiten zu entwickeln und in der Praxis anzuwenden.

Abschließend lässt sich festhalten, dass die systemischen Techniken in der Arbeit im Bereich Gewaltschutz und Konfliktbewältigung eine zentrale Rolle spielen. Diese Techniken sind nicht nur Werkzeuge zur Analyse und Intervention, sondern auch Ansätze, die es Fachkräften ermöglichen, die komplexen und oft vielschichtigen Dynamiken von Gewalt und Konflikten zu erkennen und zu verstehen. Gewaltschutz ist ein Thema, das tief in den sozialen, emotionalen und psychologischen Strukturen der beteiligten Personen verwurzelt ist. Systemische Techniken bieten die Möglichkeit, diese Strukturen zu beleuchten und die Wechselwirkungen zwischen verschiedenen Akteuren zu analysieren.

Ein zentraler Aspekt der systemischen Arbeit ist die Fähigkeit, die Perspektiven aller Beteiligten zu berücksichtigen. Dies bedeutet, dass Konflikte nicht isoliert betrachtet werden, sondern im Kontext der Beziehungen und der sozialen Netzwerke, in denen sie stattfinden. Durch diesen ganzheitlichen Ansatz können die zugrunde liegenden Ursachen von Konflikten und Gewalt identifiziert werden, anstatt sich nur auf Symptome zu konzentrieren. Dies führt zu einem tiefergehenden Verständnis der Situation und ermöglicht es, gewaltfreie Lösungen zu fördern, die auf die spezifischen Bedürfnisse und Herausforderungen der Beteiligten abgestimmt sind.

Die Integration der 5 Freiheiten nach Virginia Satir in diesen Prozess verstärkt die Wirksamkeit systemischer Techniken erheblich. Diese Freiheiten fördern eine offene und ehrliche Kommunikation, die entscheidend für die Konfliktlösung ist. Sie schaffen einen Rahmen, in dem Individuen sich sicher fühlen, ihre Gedanken und Gefühle auszudrücken, was zu einer authentischen Auseinandersetzung mit den eigenen Bedürfnissen und Ängsten führt. Indem die Teilnehmer lernen, ihre Wahrnehmungen und Emotionen zu kommunizieren, werden Missverständnisse reduziert und ein Raum für Empathie und Verständnis geschaffen. Dies ist besonders wichtig in Gewaltschutzsituationen, wo das Gefühl der Sicherheit und des Respekts oft stark beeinträchtigt ist.

Zusätzlich zur Anwendung der 5 Freiheiten ist die Förderung von Resilienz und Empathie ein weiterer wesentlicher Bestandteil der systemischen Arbeit. Resilienz bezieht sich auf die Fähigkeit, mit Herausforderungen und Stress umzugehen und sich von schwierigen Erfahrungen zu erholen. Durch

Trainings und Workshops, die auf den Prinzipien der Systemik basieren, können Teilnehmer lernen, ihre eigenen Ressourcen zu mobilisieren und kreative Lösungen für ihre Probleme zu finden. Empathie, die Fähigkeit, sich in die Lage anderer zu versetzen und deren Gefühle nachzuvollziehen, ist entscheidend für die Schaffung eines harmonischen Miteinanders. Indem Empathie gefördert wird, können die Teilnehmer besser verstehen, wie ihre Handlungen und Worte die anderen beeinflussen, was dazu beiträgt, ein respektvolles und unterstützendes Umfeld zu schaffen.

In einem solchen Umfeld haben alle Beteiligten die Möglichkeit, zu wachsen und zu lernen. Sie können ihre Konfliktfähigkeiten verbessern, neue Perspektiven gewinnen und letztlich zu einem friedlicheren und respektvolleren Umgang miteinander gelangen. Die systemischen Techniken und die Prinzipien von Virginia Satir bieten somit nicht nur einen theoretischen Rahmen, sondern auch praktische Strategien, um in herausfordernden Situationen effektiv zu handeln. Letztendlich tragen diese Ansätze dazu bei, eine Kultur des Dialogs und der Zusammenarbeit zu fördern, die für die Prävention von Gewalt und die nachhaltige Lösung von Konflikten unerlässlich ist.

Kapitel 9: Mobbing und Gewalt

Mobbing: Definition und Dynamik

Mobbing ist ein komplexes Phänomen, das sich durch wiederholtes, absichtliches und systematisches Verhalten auszeichnet, das darauf abzielt, eine Person zu schikanieren, zu belästigen oder herabzuwürdigen. Dieser Prozess kann in verschiedensten Kontexten stattfinden, wie beispielsweise in Schulen, am Arbeitsplatz, in Sportvereinen oder in sozialen Netzwerken. In jedem dieser Bereiche kann Mobbing unterschiedliche Formen annehmen, sei es durch verbale Angriffe wie Beleidigungen, Spott oder Beschimpfungen, durch körperliche Gewalt wie Schubsen oder Schlagen, oder durch soziale Ausgrenzung, bei der das Opfer bewusst von Gruppenaktivitäten ausgeschlossen wird. Diese Diversität der Mobbingformen zeigt, dass es nicht nur um eine einzelne Handlung geht, sondern um ein Muster von Verhalten, das über einen längeren Zeitraum hinweg fortgesetzt wird.

Die Dynamik des Mobbings ist oft vielschichtig und wird von einer Vielzahl von Faktoren beeinflusst. So spielen soziale Hierarchien innerhalb einer Gruppe eine entscheidende Rolle. In vielen sozialen Kontexten gibt es Machtstrukturen, die bestimmen, wer als dominant oder unterlegen wahrgenommen wird. Diese Hierarchien können dazu führen, dass bestimmte Personen oder Gruppen sich ermächtigt fühlen, andere zu schikanieren, während die Opfer in ihrer Position der Schwäche gefangen bleiben. Darüber hinaus können individuelle Charaktereigenschaften, wie etwa Aggressivität, Empathiefähigkeit oder soziale Kompetenzen, das Mobbingverhalten beeinflussen. Menschen, die selbst unter Stress oder Unsicherheiten leiden, neigen manchmal dazu, andere herabzusetzen, um ihr eigenes Selbstwertgefühl zu stärken.

Ein weiterer bedeutender Aspekt von Mobbing ist die Rolle der Zuschauer oder Mitläufer. Diese Personen sind oft in einer ambivalenten Position, da sie einerseits Zeugen des Mobbings werden, andererseits jedoch nicht direkt involviert sind. Ihre Reaktionen können das Mobbingverhalten verstärken oder abschwächen. Zuschauer, die aktiv lachen oder das Mobbingverhalten unterstützen, tragen zur Legitimierung und Fortführung der Aggression bei, während solche, die nicht eingreifen oder sich passiv verhalten, die bestehende Dynamik ebenfalls aufrechterhalten. Diese passive Akzeptanz kann den Tätern das Gefühl geben, dass ihr Verhalten toleriert wird, was es ihnen erleichtert, weiterhin zu mobben.

Die wiederholte Natur des Mobbings hat tiefgreifende emotionale und psychologische Auswirkungen auf die Opfer. Langfristige Schikanen können zu einem erheblichen Rückgang des Selbstwertgefühls führen, was sich in einem gestörten Selbstbild und einem Gefühl der Wertlosigkeit äußern kann. Viele Opfer entwickeln Angstzustände, die sowohl soziale Interaktionen als auch das tägliche Leben stark beeinträchtigen. Depressionen sind eine weitere häufige Folge, die in schweren Fällen zu ernsthaften psychischen Erkrankungen führen kann. Diese emotionalen Belastungen können auch körperliche Symptome hervorrufen, wie Schlafstörungen, Appetitlosigkeit oder psychosomatische Beschwerden.

Darüber hinaus ist Mobbing nicht nur ein individuelles Problem, das die betroffenen Personen betrifft, sondern auch ein gesellschaftliches Phänomen mit tief verwurzelten strukturellen und kulturellen Ursachen. In vielen Gesellschaften existieren Normen und Werte, die Aggressionen oder Konkurrenzdenken fördern, was Mobbingverhalten begünstigen kann. Die Stigmatisierung von Opfern und die soziale Isolation, die häufig mit Mobbing einhergeht, verstärken die Problematik und machen es für die Betroffenen schwer, Hilfe zu suchen oder Unterstützung zu finden. Daher ist es entscheidend, Mobbing als ein vielschichtiges Problem zu betrachten, das sowohl individuelle als auch gesellschaftliche Lösungsansätze erfordert, um langfristige Veränderungen zu bewirken und eine respektvolle und unterstützende Gemeinschaft zu schaffen.

Rollen im Mobbingprozess

Im Mobbingprozess lassen sich drei zentrale Rollen identifizieren: den Täter, das Opfer und die Zuschauer. Jede dieser Rollen hat nicht nur eigene Merkmale, sondern beeinflusst auch maßgeblich die Dynamik des Mobbings. Darüber hinaus spielt das Verständnis dieser Rollen eine entscheidende Rolle bei der Entwicklung von effektiven Strategien zur Intervention und Prävention.

Täter

Der Täter ist die Person oder die Gruppe, die aktiv Mobbingverhalten ausübt. Die Beweggründe für Täter sind vielfältig und können von einem tiefen Wunsch nach Macht und Kontrolle bis hin zu einem Bedürfnis nach sozialer Anerkennung reichen. In vielen Fällen entsteht Mobbing in Umgebungen, in denen Aggressionen, Konkurrenzdruck oder Machtspiele vorherrschen. Täter könnten beispielsweise das Gefühl haben, ihre eigene Unsicherheit oder Schwäche durch die Herabsetzung anderer zu kompensieren. Es ist wichtig zu erkennen, dass Täter nicht immer als „böse" oder absichtlich schädigend wahrgenommen werden. Oft handelt es sich um Menschen, die selbst unter Druck stehen oder in ihrer sozialen Position instabil sind. Sie könnten Schwierigkeiten haben, ihre eigenen Emotionen zu regulieren oder empfinden möglicherweise einen sozialen Druck, sich dominant zu verhalten, um in ihrer Gruppe akzeptiert zu werden. Das Verständnis der psychologischen Hintergründe von Tätern ist entscheidend, um gezielte Präventionsmaßnahmen zu entwickeln, die nicht nur das Mobbingverhalten selbst ansprechen, sondern auch die zugrunde liegenden Problematiken der Täter.

Opfer

Das Opfer ist die Person, die Ziel des Mobbings wird. Oftmals sind Opfer sozial isoliert und haben Schwierigkeiten, sich aus der belastenden Situation zu befreien. Diese Isolation kann sowohl physisch als auch emotional sein, was es dem Opfer erschwert, Unterstützung zu suchen oder Hilfe zu finden. Die Auswirkungen von Mobbing auf das Opfer sind gravierend und können zu langfristigen psychischen Problemen wie Angststörungen, Depressionen und einem stark verminderten Selbstwertgefühl führen. Darüber hinaus kann die Identität des Opfers durch die Erfahrungen des Mobbings stark geprägt werden, was das Risiko erhöht, dass die betroffene Person auch in Zukunft Ziel von Mobbing wird. Oft entwickeln Opfer ein negatives Selbstbild und haben Angst vor sozialen Interaktionen, was zu einem Teufelskreis führen kann, der ihre Isolation und Vulnerabilität verstärkt.

Zuschauer

Die Zuschauer sind diejenigen, die das Mobbing beobachten, jedoch nicht direkt daran beteiligt sind. Ihre Rolle ist von entscheidender Bedeutung, da ihr Verhalten den Mobbingprozess entweder verstärken oder abschwächen kann. Zuschauer haben die Möglichkeit, aktiv einzugreifen, indem sie das Mobbingverhalten ansprechen oder unterstützen, oder sie können passiv bleiben und somit zur Fortführung des Mobbings beitragen. Viele Zuschauer sind oft von Angst vor sozialer Ausgrenzung oder dem Wunsch, nicht selbst ins Visier der Täter zu geraten, geprägt. Diese Angst kann dazu führen, dass sie sich nicht trauen, einzugreifen, selbst wenn sie das Mobbing als falsch erkennen. Ihr Schweigen oder ihre passive Haltung kann jedoch das Gefühl der Legitimität des Mobbingverhaltens für die Täter verstärken und die Isolation des Opfers weiter vertiefen.

Interaktion der Rollen

Die Interaktion zwischen diesen Rollen ist entscheidend für das Verständnis der Mobbingdynamik. Täter, Opfer und Zuschauer stehen in einem ständigen Austausch, der das Verhalten aller Beteiligten beeinflusst. Wenn beispielsweise Zuschauer aktiv eingreifen und das Mobbingverhalten anprangern, kann dies dem Opfer helfen und den Tätern signalisieren, dass ihr Verhalten nicht toleriert wird. Umgekehrt kann das Schweigen der Zuschauer die Täter ermutigen und das Opfer zusätzlich schwächen. Daher ist es von zentraler Bedeutung, dass Strategien zur Prävention und Intervention nicht nur die Rolle der Täter und Opfer, sondern auch die der Zuschauer in den Blick nehmen. Aufklärungskampagnen, Schulungen und Programme zur Stärkung der Zivilcourage können dazu beitragen, eine Kultur des Eingreifens und der Unterstützung zu fördern, sodass Mobbing in jeder Form wirksam bekämpft werden kann.

Mobbingprävention

Die Prävention von Mobbing ist eine komplexe Aufgabe, die einen vielschichtigen Ansatz erfordert. Es ist wichtig, sowohl individuelle als auch strukturelle Maßnahmen zu implementieren, um ein Umfeld zu schaffen, in dem respektvolle und unterstützende Beziehungen gefördert werden und Mobbingverhalten keinen Platz hat. Um dies zu erreichen, müssen verschiedene Strategien und Ansätze zusammenwirken, um eine nachhaltige Veränderung in der Kultur von Schulen und Arbeitsplätzen herbeizuführen.

Ansätze und Strategien zur Prävention

1. **Aufklärung und Sensibilisierung**: Ein grundlegender Bestandteil der Mobbingprävention ist die umfassende Aufklärung über die verschiedenen Formen von Mobbing, die möglichen emotionalen und psychologischen Auswirkungen auf die Opfer sowie die kritische Rolle der Zuschauer. Schulungen und Workshops, die sich an Schüler, Lehrer, Eltern und Mitarbeiter richten, können dazu beitragen, das Bewusstsein für die Problematik zu schärfen. In diesen Sitzungen können nicht nur Informationen vermittelt werden, sondern auch interaktive Elemente integriert werden, wie Rollenspiele oder Gruppendiskussionen, die den Teilnehmern helfen, sich in die Perspektive der Betroffenen zu versetzen. Solche Workshops können das Verständnis und die Empathie fördern und die Beteiligten ermutigen, sich

aktiv gegen Mobbing zu positionieren und einzugreifen, wenn sie Zeugen von Mobbingsituationen werden.

2. **Förderung von Empathie und sozialem Verhalten**: Programme, die darauf abzielen, Empathie und positives Sozialverhalten zu fördern, sind entscheidend für die Mobbingprävention. Diese Programme sollten sich auf die Entwicklung sozialer Kompetenzen konzentrieren, die es den Teilnehmern ermöglichen, die Perspektiven anderer zu verstehen und respektvoll miteinander umzugehen. Aktivitäten wie Gruppenspiele, kooperative Projekte und Diskussionen über Emotionen können dazu beitragen, das Verständnis für die Auswirkungen von Mobbing zu vertiefen. Darüber hinaus können Mentorenprogramme, bei denen ältere Schüler jüngere unterstützen, die Bindungen zwischen den Schülern stärken und ein Gefühl der Gemeinschaft fördern, das Mobbing entgegenwirkt.

3. **Schaffung einer positiven Gruppen- oder Unternehmenskultur**: In Schulen und am Arbeitsplatz sollte eine Kultur des Respekts und der Inklusion gefördert werden. Dies kann

durch verschiedene Maßnahmen geschehen, wie etwa Teambuilding-Aktivitäten, bei denen Mitarbeiter oder Schüler gemeinsam an Aufgaben arbeiten und sich besser kennenlernen. Regelmäßige Feedback-Runden, in denen alle Beteiligten ihre Meinungen und Erfahrungen teilen können, fördern einen offenen Dialog und schaffen ein Gefühl der Zugehörigkeit. Es ist entscheidend, dass Führungskräfte, Lehrer und andere Autoritätspersonen als Vorbilder agieren, indem sie ein klares Commitment gegen Mobbing zeigen. Dies kann durch das Setzen klarer Verhaltensstandards und das aktive Ansprechen von Mobbingverhalten geschehen, sodass alle Beteiligten wissen, dass respektvolles Verhalten erwartet und gefördert wird.

4. **Einrichtung von Unterstützungsnetzwerken**: Die Schaffung von Anlaufstellen, an die sich Opfer und Zuschauer wenden können, ist ein wichtiger Schritt zur Prävention von Mobbing. Diese Unterstützungsnetzwerke sollten so gestaltet sein, dass sie anonym und niederschwellig sind, um den Betroffenen die Möglichkeit zu geben, ihre Probleme offen zu kommunizieren, ohne Angst vor Repressalien

oder Stigmatisierung zu haben. Dies könnte durch die Einrichtung von Vertrauenslehrern in Schulen oder durch die Bereitstellung von anonymen Hotlines und Online-Plattformen in Unternehmen geschehen. Darüber hinaus sollten Schulungen für die Mitarbeiter dieser Netzwerke durchgeführt werden, damit sie in der Lage sind, einfühlsam und effektiv mit den Betroffenen umzugehen. Die Förderung eines Umfelds, in dem Hilfe gesucht und erhalten werden kann, ist entscheidend, um Mobbing zu erkennen und zu beenden, bevor es zu einem ernsthaften Problem wird.

Insgesamt ist eine wirksame Mobbingprävention nur möglich, wenn alle Beteiligten – von den Schülern und Mitarbeitern über die Lehrer und Führungskräfte bis hin zu den Eltern – aktiv in den Prozess eingebunden werden. Nur durch ein gemeinsames Engagement und eine klare Kommunikation können wir ein sicheres und unterstützendes Umfeld schaffen, in dem jeder Einzelne respektiert wird und Mobbing keinen Raum hat.

Intervention bei Mobbing

Wenn Mobbing bereits stattfindet, ist eine schnelle und effektive Intervention von entscheidender Bedeutung, um die Situation zu entschärfen, den Betroffenen zu helfen und das soziale Klima zu verbessern. Mobbing hat tiefgreifende negative Auswirkungen auf die Opfer, die Täter und die gesamte Gemeinschaft. Daher ist es wichtig, verschiedene Methoden zu kombinieren, um die Dynamik zu verändern, Unterstützung zu bieten und letztendlich eine nachhaltige Lösung zu finden.

No Blame Approach und andere Methoden

Eine besonders effektive Methode zur Intervention ist der **No Blame Approach** (NBA), ein Ansatz, der in den letzten Jahren an Popularität gewonnen hat. Dieser Ansatz zielt darauf ab, die Verantwortung für das Mobbingverhalten nicht ausschließlich auf die Täter zu schieben, sondern das gesamte soziale System zu betrachten und alle Beteiligten einzubeziehen. Die Grundprinzipien dieses Ansatzes sind:

1. **Fokus auf das Opfer**: Der No Blame Approach beginnt mit der Unterstützung des Opfers. Es ist entscheidend, die Perspektive des Opfers zu verstehen und empathisch auf seine Erfahrungen zu reagieren. Dies beinhaltet,

dass das Opfer in einem geschützten Rahmen gehört wird, in dem es offen über seine Gefühle und Erlebnisse sprechen kann. Es wird darauf geachtet, dass das Opfer nicht weiter isoliert oder stigmatisiert wird, sondern dass seine Bedürfnisse und Wünsche im Mittelpunkt der Intervention stehen. Indem das Opfer spürt, dass es Unterstützung erhält, kann sein Selbstwertgefühl gestärkt werden, was zu einer positiven Veränderung in seiner Situation beitragen kann.

2. **Einbeziehung der Täter**: Anstatt die Täter ausschließlich zu bestrafen oder zu isolieren, werden sie aktiv in den Prozess einbezogen. Dies geschieht in einem geschützten Rahmen, in dem die Täter die Möglichkeit erhalten, die Auswirkungen ihres Verhaltens auf das Opfer zu erkennen und Verantwortung für ihr Handeln zu übernehmen. Der Fokus liegt darauf, das Bewusstsein für die Konsequenzen ihres Verhaltens zu schärfen, ohne sie zu beschuldigen oder zu verurteilen. Diese Herangehensweise fördert ein Verständnis für Empathie und Verantwortung und kann dazu beitragen, dass Täter ihr Verhalten ändern und sich in Zukunft respektvoller verhalten.

3. **Beteiligung von Zuschauern**: Zuschauer spielen eine entscheidende Rolle in Mobbing-Situationen. Der No Blame Approach ermutigt die Zuschauer, aktiv in die Intervention einbezogen zu werden. Sie werden ermutigt, sich gegen Mobbing zu positionieren und eine unterstützende Rolle einzunehmen. Dies kann durch gezielte Gespräche, Workshops oder Gruppenaktivitäten geschehen, die darauf abzielen, die Zuschauer zu sensibilisieren und ihnen die Werkzeuge an die Hand zu geben, um sich einzubringen. Wenn Zuschauer lernen, dass sie eine positive Rolle spielen können, wird die gesamte Gruppendynamik gestärkt und ein unterstützendes Umfeld geschaffen.

Weitere Interventionstechniken

Neben dem No Blame Approach können auch andere Methoden zur Intervention eingesetzt werden, um Mobbing anzugehen:

- **Mediation**: Bei der Mediation handelt es sich um einen strukturierten Prozess, in dem ein neutraler Dritter die Konfliktparteien zusammenbringt, um eine Lösung zu finden. Diese Methode kann helfen, Missverständnisse auszuräumen und eine konstruktive Kommunikation zwischen den Beteiligten zu fördern. Der Mediator führt die Parteien durch den Prozess, ermöglicht es ihnen, ihre Standpunkte zu äußern, und hilft dabei, gemeinsame Interessen zu identifizieren. Ziel ist es, eine einvernehmliche Lösung zu finden, die für alle Beteiligten akzeptabel ist, und ein besseres Verständnis füreinander zu entwickeln.

- **Gruppendynamische Methoden**: Gruppendynamische Methoden können ebenfalls effektiv eingesetzt werden, um die soziale Struktur innerhalb einer Gruppe zu analysieren und positiv zu beeinflussen. Hierbei werden beispielsweise Rollenspiele, Gruppenarbeiten oder kreative Workshops durchgeführt, um Empathie zu fördern und das Bewusstsein für die Auswirkungen von Mobbing zu schärfen. Durch solche Aktivitäten können die Teilnehmer in die Rollen von Opfern, Tätern und Zuschauern schlüpfen, was dazu beiträgt, die emotionale Dimension des Mobbings zu verstehen. Diese Erfahrungen können die Gruppendynamik verändern und ein Gefühl der Gemeinschaft und des Zusammenhalts fördern, das Mobbing entgegenwirkt.

Insgesamt ist es wichtig, dass Interventionen bei Mobbing schnell, einfühlsam und nachhaltig durchgeführt werden. Die Kombination verschiedener Ansätze und die Einbeziehung aller Beteiligten – Opfer, Täter und Zuschauer – sind entscheidend für den Erfolg der Intervention und die Schaffung eines respektvollen und unterstützenden Umfelds.

Die Kombination von präventiven Maßnahmen und effektiven Interventionsstrategien bildet die Grundlage für ein umfassendes Mobbingmanagement. In der heutigen Zeit, in der soziale Interaktionen – sowohl online als auch offline – eine zentrale Rolle im Lebensumfeld von Schülern und Mitarbeitern spielen, ist es von entscheidender Bedeutung, ein proaktives und ganzheitliches Konzept zu entwickeln, das Mobbing von vornherein entgegenwirkt. Hierbei ist es unerlässlich, dass alle Beteiligten – Schüler, Lehrer, Mitarbeiter und Führungskräfte – aktiv in diesen Prozess eingebunden werden. Nur so kann ein respektvolles und unterstützendes Umfeld geschaffen werden, in dem Mobbing keinen Platz hat und in dem sich jeder Einzelne sicher und wertgeschätzt fühlt.

Ein solches Mobbingmanagement erfordert eine klare Kommunikation und die Etablierung von Richtlinien, die die Erwartungen an das Verhalten aller Beteiligten definieren. Schulungen und Workshops können dabei helfen, ein gemeinsames Verständnis für die Bedeutung von Respekt und Toleranz zu entwickeln. Die Erkenntnisse aus den vorhergehenden Kapiteln über Kommunikation und gewaltfreie Konfliktlösung sind hierbei von zentraler Bedeutung. Diese Prinzipien fördern nicht nur ein harmonisches Miteinander, sondern legen auch die Basis für die Entwicklung von Empathie und Resilienz, die essenziell für die Prävention und Intervention bei Mobbing sind.

Empathie ermöglicht es den Beteiligten, sich in die Lage anderer hineinzuversetzen und deren Gefühle nachzuvollziehen, was entscheidend ist, um Mobbing zu erkennen und zu verhindern. Resilienz hingegen stärkt die Fähigkeit, mit schwierigen Situationen umzugehen und sich von belastenden Erfahrungen zu erholen. In einem Umfeld, das diese Qualitäten fördert, sind die Menschen besser gerüstet, um sowohl Mobbing zu verhindern als auch angemessen auf Mobbingvorfälle zu reagieren.

Darüber hinaus ist es wichtig zu betonen, dass Mobbing ein sehr umfangreiches Thema ist, dem ein eigenes Buch gewidmet ist. Die Komplexität und die Vielzahl der Aspekte, die Mobbing betreffen – von den psychologischen Hintergründen über die Auswirkungen auf die Betroffenen bis hin zu den gesellschaftlichen Rahmenbedingungen – machen es notwendig, sich intensiver mit diesem Thema auseinanderzusetzen. Bei weitergehendem Interesse empfehle ich, weitere Literatur zu suchen, die sich detailliert mit den verschiedenen Facetten von Mobbing, dessen Prävention und Intervention auseinandersetzt. Es gibt zahlreiche Ressourcen, die wertvolle Einsichten und Strategien bieten, um Mobbing in verschiedenen Kontexten zu verstehen und zu bekämpfen. Indem wir uns eingehend mit diesen Themen beschäftigen, können wir einen wichtigen Beitrag dazu leisten, Mobbing nachhaltig zu reduzieren und ein positives, respektvolles Miteinander zu fördern.

Kapitel 10: Deeskalationstechniken

In diesem Kapitel werden wir uns intensiv mit Deeskalationstechniken auseinandersetzen, die in Konfliktsituationen eingesetzt werden können, um Spannungen abzubauen und eine gewaltfreie Lösung zu finden. Deeskalation ist ein wesentlicher Bestandteil des systemischen Gewaltschutztrainings und spielt eine entscheidende Rolle in der Prävention von Mobbing sowie in der Förderung eines respektvollen Miteinanders.

Definition und Bedeutung

Deeskalation ist ein vielschichtiger Prozess, der darauf abzielt, Spannungen und Konflikte zu verringern, um die Entstehung von gewalttätigem oder aggressivem Verhalten zu vermeiden. Der Begriff selbst setzt sich zusammen aus dem Präfix „de-", was so viel wie „herabsetzen" oder „verringern" bedeutet, und „Eskalation", das eine Steigerung oder Intensivierung beschreibt. In diesem Sinne bezeichnet Deeskalation also die aktive Bemühung, die Intensität eines Konflikts zu reduzieren, bevor er sich zu einer gefährlichen oder unkontrollierbaren Situation entwickelt.

Das primäre Ziel der Deeskalation besteht darin, eine friedliche und konstruktive Lösung für die

Konfliktsituation zu finden. Dies kann durch verschiedene Methoden erreicht werden, die darauf abzielen, die emotionale Aufladung zu senken und einen Dialog zwischen den Konfliktparteien zu ermöglichen. Im Rahmen des systemischen Gewaltschutztrainings wird Deeskalation jedoch nicht nur als eine Sammlung von Techniken verstanden, sondern auch als eine grundlegende Haltung, die Werte wie Empathie, Respekt und Zusammenarbeit in den Vordergrund stellt. Diese Haltung fördert nicht nur eine positive Kommunikation, sondern schafft auch ein Umfeld, in dem sich alle Beteiligten sicher und respektiert fühlen.

Die Bedeutung von Deeskalation reicht über die unmittelbare Konfliktlösung hinaus und hat langfristige Auswirkungen auf die soziale Interaktion und das emotionale Wohlbefinden der Beteiligten. Während akute Konflikte oft schnell gelöst werden müssen, ist es die nachhaltige Förderung von sozialen Fertigkeiten und emotionaler Intelligenz, die letztlich zu einem harmonischeren Zusammenleben führt. Durch das Erlernen und Anwenden von Deeskalationstechniken entwickeln Menschen Fähigkeiten, die es ihnen ermöglichen, Konflikte auf konstruktive Weise zu bewältigen. Diese Fähigkeiten sind nicht nur im Kontext eines einzelnen Konflikts von Bedeutung, sondern tragen dazu bei, ein positives und unterstützendes Umfeld zu schaffen, in dem Konflikte proaktiv angegangen werden können.

Ein zusätzliches Augenmerk muss auf die Rolle der gewaltfreien Kommunikation gelegt werden, die bereits in früheren Kapiteln behandelt wurde. Diese Kommunikationsform ist eng mit der Deeskalation verbunden, da sie den Austausch von Gedanken und Gefühlen fördert, ohne dass es zu Vorwürfen oder Angriffen kommt. Die Entwicklung von Empathie, die ebenfalls ein zentrales Thema in unserem bisherigen Training war, ist unerlässlich, um die Perspektiven der anderen zu verstehen und angemessen auf ihre Bedürfnisse einzugehen. Wenn Menschen lernen, empathisch zu kommunizieren, sind sie besser in der Lage, Spannungen frühzeitig zu erkennen und darauf zu reagieren, bevor sie sich zu einem größeren Konflikt entwickeln.

Zusammenfassend lässt sich sagen, dass Deeskalation ein integraler Bestandteil eines respektvollen und gewaltfreien Miteinanders ist. Sie bietet nicht nur Werkzeuge zur Lösung akuter Konflikte, sondern fördert auch die Entwicklung von sozialen und emotionalen Kompetenzen, die für ein harmonisches Zusammenleben unerlässlich sind. In einer Welt, die häufig von Konflikten und Spannungen geprägt ist, ist die Fähigkeit zur Deeskalation von unschätzbarem Wert und sollte in allen Bereichen des Lebens, sei es im persönlichen, sozialen oder beruflichen Umfeld, aktiv gefördert werden.

Eskalationsstufen und Schutzebenen

Um Deeskalationstechniken effektiv einzusetzen, ist es von grundlegender Bedeutung, die verschiedenen Eskalationsstufen zu verstehen, die ein Konflikt durchlaufen kann. Diese Stufen bieten einen Rahmen, um die Dynamik von Konflikten zu erkennen und gezielt zu intervenieren. Im Folgenden werden die typischen Eskalationsstufen sowie die dazugehörigen Schutzebenen ausführlich erläutert.

1. Vorbereitungsphase

In der Vorbereitungsphase beginnt der Konflikt sich zu entwickeln, und es treten erste Spannungen auf. Diese Phase ist geprägt von kleineren Konflikten, Missverständnissen oder Unstimmigkeiten, die häufig unbemerkt bleiben oder als unbedeutend abgetan werden. Es ist in dieser Phase entscheidend, Spannungen rechtzeitig zu erkennen und anzusprechen, bevor sie sich verfestigen und zu schwerwiegenderen Auseinandersetzungen führen können.

Um effektiv zu intervenieren, sollten Personen, die in einem solchen Umfeld agieren, sensibel für nonverbale Hinweise und subtile Veränderungen im Verhalten ihrer Mitmenschen sein. Präventive Maßnahmen wie regelmäßige Teamgespräche, die Förderung offener Kommunikationskanäle und das Schaffen eines Umfelds, in dem Feedback willkommen ist, können dazu beitragen, Spannungen frühzeitig zu identifizieren.

2. Eskalation

Wenn der Konflikt in die Eskalationsphase übergeht, wird die Intensität der Auseinandersetzung spürbar größer. Hier können die Beteiligten emotional reagieren, was zu verbalen Angriffen, erhöhter Lautstärke und möglicherweise auch zu aggressivem Verhalten führen kann. In dieser Phase ist es entscheidend, Deeskalationstechniken aktiv zu nutzen, um die Situation nicht weiter anzuheizen.

Techniken wie aktives Zuhören, das Einfühlen in die Perspektive des anderen und das Verwenden von „Ich-Botschaften" können helfen, die Emotionen zu kanalisieren und einen konstruktiven Dialog aufrechtzuerhalten. Die Implementierung von klaren Verhaltensregeln, die den Umgang miteinander regeln, ist in dieser Phase ebenfalls unerlässlich, um die Eskalation zu bremsen.

3. Höchstphase

In der Höchstphase erreicht der Konflikt seinen Höhepunkt. Hier kommt es häufig zu offenen Konfrontationen, die von aggressivem Verhalten oder sogar Gewalt geprägt sein können. Die Wahrscheinlichkeit eines Ausbruchs von physischer Gewalt ist in dieser Phase am höchsten. Daher müssen alle Beteiligten besonders achtsam agieren und Deeskalationsstrategien sofort einsetzen.

Es ist wichtig, in dieser kritischen Phase Strategien zur Deeskalation anzuwenden, wie beispielsweise die Schaffung von physischem Abstand zwischen den Konfliktparteien, um die Situation zu beruhigen, oder das Einbeziehen einer neutralen dritten Person, um eine Vermittlung zu ermöglichen. Auch das Nutzen eines ruhigen und respektvollen Tons kann helfen, die Emotionen zu senken und die Konfliktbeteiligten zu einer rationaleren Diskussion zurückzuführen.

4. Nachbearbeitungsphase

Die Nachbearbeitungsphase ist oft eine der am meisten vernachlässigten Phasen bei der Konfliktbewältigung, obwohl sie entscheidend für die langfristige Lösung von Konflikten und die Wiederherstellung von Beziehungen ist. Nach einem Konflikt können emotionale Nachwirkungen bestehen bleiben, die zusätzliche Interventionen erfordern, um die Beziehungen zwischen den Beteiligten zu reparieren und zukünftigen Konflikten vorzubeugen.

In dieser Phase ist es wichtig, Zeit für Reflexion und Gespräche zu schaffen, um die Erfahrungen auszuwerten und die Gefühle der Beteiligten zu validieren. Eine Nachbesprechung, in der alle Beteiligten ihre Perspektiven und Gefühle äußern können, trägt dazu bei, Missverständnisse auszuräumen und ein besseres Verständnis füreinander zu entwickeln. Diese Phase kann auch dazu genutzt werden, aus dem Konflikt zu lernen und Strategien zu entwickeln, um ähnliche Konflikte in der Zukunft zu vermeiden.

Um ein respektvolles Miteinander zu fördern und Konflikten vorzubeugen, sind verschiedene Schutzebenen von entscheidender Bedeutung. Diese Schutzebenen bieten einen strukturierten Rahmen, der nicht nur zur Prävention von Konflikten beiträgt, sondern auch zur Schaffung eines positiven und unterstützenden Umfelds. Im Folgenden werden die drei genannten Schutzebenen ausführlicher beschrieben.

1. Klare Verhaltensrichtlinien

Die Etablierung von klaren Verhaltensnormen und Richtlinien ist eine fundamentale Schutzebene, die dazu beiträgt, den Umgang miteinander zu regeln. Klare Verhaltensrichtlinien schaffen Transparenz und fördern ein gemeinsames Verständnis darüber, welche Verhaltensweisen akzeptabel sind und welche nicht. Sie bieten allen Beteiligten einen Rahmen, innerhalb dessen sie sich bewegen können, und helfen, Fehlverhalten frühzeitig zu identifizieren und zu adressieren.

Um diese Richtlinien effektiv umzusetzen, sollten sie gemeinsam mit den Mitgliedern eines Teams oder einer Gemeinschaft entwickelt werden. Dies fördert nicht nur die Akzeptanz der Regeln, sondern ermöglicht es auch, dass die Richtlinien den spezifischen Bedürfnissen und Herausforderungen der Gruppe gerecht werden. Es ist wichtig, dass die Verhaltensrichtlinien regelmäßig überprüft und aktualisiert werden, um sicherzustellen, dass sie relevant bleiben und die dynamischen Veränderungen in der Gruppe widerspiegeln.

Darüber hinaus sollten die Verhaltensrichtlinien in Form von Schulungen oder Workshops kommuniziert werden, um sicherzustellen, dass alle Mitglieder sie verstehen und verinnerlichen. In diesen Schulungen können Beispiele für positives und negatives Verhalten gegeben werden, um die Richtlinien anschaulicher zu machen. Diese Maßnahme trägt dazu bei, ein respektvolles Miteinander zu fördern und Konflikte bereits im Keim zu ersticken.

2. Schulungen zu Kommunikation und Konfliktlösung

Regelmäßige Schulungen und Workshops, die sich mit Kommunikation und Konfliktlösung befassen, sind eine weitere entscheidende Schutzebene. Diese Trainings sollten Themen wie gewaltfreie Kommunikation, aktives Zuhören und Deeskalationstechniken umfassen. Sie vermitteln den Teilnehmern nicht nur theoretisches Wissen, sondern bieten auch praktische Übungen, die es den Beteiligten ermöglichen, ihre Fähigkeiten in realistischen Szenarien zu erproben und zu verfeinern.

Die gewaltfreie Kommunikation ist ein Ansatz, der es den Menschen ermöglicht, ihre Bedürfnisse und Gefühle klar und respektvoll auszudrücken, ohne den anderen anzugreifen oder zu verurteilen. Durch das Erlernen dieser Technik werden die Teilnehmer in die Lage versetzt, Konflikte frühzeitig zu erkennen und konstruktiv anzusprechen, bevor sie eskalieren. Aktives Zuhören, eine weitere wichtige Fähigkeit, fördert das Verständnis zwischen den Beteiligten, indem es sicherstellt, dass alle Stimmen gehört und respektiert werden.

Zusätzlich sollten Deeskalationstechniken in den Schulungen behandelt werden, um den Teilnehmern Werkzeuge an die Hand zu geben, die sie in angespannten Situationen nutzen können. Dazu gehört das Erkennen von Stresssignalen, das Einnehmen einer ruhigen Körperhaltung und das Formulieren von beruhigenden Aussagen, die die emotionale Intensität der Situation reduzieren können.

Diese Schulungen sind nicht nur präventiv, sondern tragen auch dazu bei, die Teamdynamik zu stärken und ein besseres Arbeitsklima zu schaffen. Indem die Mitglieder einer Gemeinschaft oder eines Teams in diesen Fähigkeiten geschult werden, sind sie besser vorbereitet, um Konflikte zu bewältigen, was letztendlich zu einer höheren Zufriedenheit und Produktivität führt.

3. Unterstützendes Netzwerk

Der Aufbau eines unterstützenden Netzwerks innerhalb einer Gemeinschaft oder eines Teams ist eine wesentliche Schutzebene, die dazu beiträgt, ein Gefühl von Sicherheit und Zusammenhalt zu schaffen. Ein solches Netzwerk ermöglicht es den Mitgliedern, sich gegenseitig zu unterstützen und Ressourcen zu teilen, wodurch die Wahrscheinlichkeit von Konflikten verringert wird.

In diesem Kontext spielen Mentoren, Mediatoren und Vertrauenspersonen eine Schlüsselrolle. Mentoren können weniger erfahrenen Mitgliedern Orientierung und Unterstützung bieten, während Mediatoren dazu beitragen, Konflikte zwischen Gruppenmitgliedern zu lösen, bevor sie eskalieren. Vertrauenspersonen sind dafür da, eine offene und sichere Anlaufstelle zu bieten, an die sich Mitglieder wenden können, wenn sie Schwierigkeiten haben oder sich in einer belastenden Situation befinden.

Der Aufbau eines unterstützenden Netzwerks erfordert eine bewusste Anstrengung, um Beziehungen innerhalb der Gruppe zu fördern. Dies kann durch Teambuilding-Aktivitäten, regelmäßige soziale Veranstaltungen und die Schaffung von Plattformen für den Austausch von Erfahrungen und Herausforderungen geschehen. Ein solches Netzwerk fördert nicht nur den Zusammenhalt, sondern trägt auch dazu bei, dass sich die Mitglieder sicher fühlen, Konflikte anzusprechen oder um Hilfe zu bitten.

Zusammengefasst können die genannten Schutzebenen – klare Verhaltensrichtlinien,

Schulungen zu Kommunikation und Konfliktlösung sowie der Aufbau eines unterstützenden Netzwerks – entscheidend dazu beitragen, ein respektvolles und harmonisches Miteinander zu fördern. Diese Maßnahmen schaffen ein Umfeld, in dem Konflikte konstruktiv angegangen werden können und in dem die Mitglieder sich gegenseitig unterstützen, um mögliche Spannungen frühzeitig zu identifizieren und zu bewältigen.

Diese Aspekte wurden bereits in Kapitel 6 behandelt, wo wir über die Bedeutung von Prävention in der Mobbingintervention gesprochen haben. Durch die Integration dieser Schutzebenen und ein fundiertes Verständnis der Eskalationsstufen können Individuen und Gruppen nicht nur akute Konflikte besser bewältigen, sondern auch ein harmonischeres und respektvolleres Miteinander fördern.

Kommunikationsstrategien in der Deeskalation

Die Wahl der richtigen Kommunikationsstrategien ist entscheidend für den Erfolg von Deeskalationstechniken. In Konfliktsituationen können sowohl verbale als auch nonverbale Techniken angewendet werden, um Spannungen abzubauen und die Kommunikation zu fördern. Diese Strategien sind nicht nur Werkzeuge zur Konfliktbewältigung, sondern auch Mittel, um zwischenmenschliche Beziehungen zu stärken und ein respektvolles Miteinander zu fördern.

Verbale Techniken

1. **Aktives Zuhören**: Aktives Zuhören ist eine essentielle Technik, die weit über das bloße Hören der Worte des Gegenübers hinausgeht. Es erfordert volle Aufmerksamkeit, sowohl verbal als auch nonverbal. Dazu gehört, dass man Blickkontakt hält, Nicken oder andere Gesten des Verständnisses zeigt und gegebenenfalls Rückfragen stellt, um sicherzustellen, dass man die Aussage korrekt erfasst hat. Durch aktives Zuhören fühlen sich die Beteiligten ernst genommen und wertgeschätzt. Dies kann nicht nur Spannungen abbauen, sondern auch dazu führen, dass der andere bereit ist, seine Sichtweise offener zu teilen. In Kapitel 4 wurde die Bedeutung von Empathie in der Kommunikation hervorgehoben, und aktives Zuhören ist eine der effektivsten Möglichkeiten, Empathie zu zeigen und zu praktizieren.

2. **Ich-Botschaften**: Anstatt Vorwürfe zu formulieren, die oft zu defensivem Verhalten führen, können Ich-Botschaften verwendet

werden, um die eigenen Gefühle klar und konstruktiv auszudrücken. Statt zu sagen „Du machst immer...", könnte man formulieren „Ich fühle mich unwohl, wenn...". Diese Art der Kommunikation fördert ein offenes Gesprächsformat, in dem sich die andere Person weniger angegriffen fühlt und eher bereit ist, zuzuhören. Ich-Botschaften helfen nicht nur, die eigenen Emotionen zu kommunizieren, sondern auch, Missverständnisse zu vermeiden und die Verantwortung für eigene Gefühle zu übernehmen, was zu einer gesünderen Kommunikationsdynamik beiträgt.

3. **Klare und ruhige Sprache**: Die Verwendung von klaren, ruhigen und unmissverständlichen Worten ist eine weitere Schlüsselstrategie in der Deeskalation. Es ist wichtig, provokante oder aggressive Formulierungen zu vermeiden, die die Situation nur weiter anheizen könnten. Stattdessen sollte man sich auf eine respektvolle und sachliche Ausdrucksweise konzentrieren. Hierbei sind die Prinzipien der gewaltfreien Kommunikation von zentraler Bedeutung, die in Kapitel 5 behandelt wurden. Eine klare Sprache hilft, Missverständnisse zu

minimieren und schafft eine Basis für eine konstruktive Diskussion.

Nonverbale Techniken

1. **Körperhaltung**: Die Körperhaltung spielt eine entscheidende Rolle in der nonverbalen Kommunikation. Eine offene und entspannte Körperhaltung signalisiert dem Gegenüber, dass man offen für einen Dialog ist und eine respektvolle Kommunikation anstrebt. Verschlossene Haltungen, wie verschränkte Arme oder ein zurückgelehnter Körper, können hingegen als defensiv wahrgenommen werden und die Bereitschaft zur Kommunikation verringern. Eine positive Körperhaltung kann dazu beitragen, eine Atmosphäre des Vertrauens und der Sicherheit zu schaffen, die für effektive Deeskalation notwendig ist.

2. **Augenkontakt**: Angemessener Augenkontakt ist ein weiteres wichtiges Element der nonverbalen Kommunikation. Er zeigt Interesse, Respekt und Engagement für das Gespräch. Zu viel oder unangemessener Blickkontakt kann jedoch als bedrohlich empfunden werden und die Situation verschärfen. Daher ist es wichtig, ein Gleichgewicht zu finden: Blickkontakt sollte

hergestellt werden, aber nicht so intensiv, dass er die andere Person unter Druck setzt oder verunsichert. Die richtige Balance fördert ein Gefühl von Verbindung und Verständnis.

3. **Stimmton und Lautstärke:** Der Stimmton und die Lautstärke spielen eine bedeutende Rolle in der Deeskalation. Ein ruhiger, sanfter Ton kann helfen, Spannungen abzubauen und eine beruhigende Atmosphäre zu schaffen. Im Gegensatz dazu kann ein lauter oder aggressiver Ton die Situation eskalieren lassen und defensives oder aggressives Verhalten hervorrufen. Die Art und Weise, wie etwas gesagt wird, ist oft ebenso wichtig wie das, was gesagt wird. In den vorherigen Kapiteln wurde die Bedeutung der nonverbalen Kommunikation in der Konfliktbewältigung behandelt, und die Kontrolle über den eigenen Stimmton ist ein entscheidender Aspekt, um die beabsichtigte Botschaft effektiv zu vermitteln.

Die Anwendung dieser verbalen und nonverbalen Kommunikationsstrategien ist nicht nur hilfreich zur Deeskalation von Konflikten, sondern trägt auch zur Verbesserung zwischenmenschlicher Beziehungen bei. Indem wir uns auf aktives Zuhören, Ich-

Botschaften und ruhige Sprache konzentrieren, sowie auf unsere Körperhaltung, den Augenkontakt und den Stimmton achten, schaffen wir ein respektvolles und unterstützendes Umfeld. Solche Strategien sind nicht isoliert, sondern stehen im Einklang mit den zuvor behandelten Themen der gewaltfreien Konfliktlösung und der Entwicklung von Empathie, wie in den vorherigen Kapiteln erläutert. Durch die bewusste Anwendung dieser Techniken können wir nicht nur Konflikte besser bewältigen, sondern auch eine Kultur der Offenheit und des Respekts fördern.

Rollenspiel und praktische Übungen zur Deeskalation

Um Deeskalationstechniken nachhaltig in der Praxis zu verankern, erweisen sich Rollenspiele und praktische Übungen als äußerst effektive Methoden. Diese Aktivitäten bieten den Beteiligten die Möglichkeit, in einem geschützten Rahmen verschiedene Konfliktszenarien durchzuspielen und die erlernten Deeskalationstechniken gezielt anzuwenden. Auf diese Weise wird das theoretische Wissen in praktische Handlungskompetenz umgesetzt, was entscheidend für den Umgang mit realen Konflikten ist.

Rollenspiele

Rollenspiele sind eine dynamische und interaktive Methode, um die Dynamik von Konflikten zu verstehen und unterschiedliche Perspektiven einzunehmen. Teilnehmer können verschiedene Rollen übernehmen, beispielsweise die des Opfers, des Täters oder eines neutralen Zuschauers. Diese Rollenverteilung ermöglicht es den Beteiligten, die Emotionen und Reaktionen der verschiedenen Parteien nachzuvollziehen und zu erkennen, wie sich Konflikte entwickeln können.

Durch gezielte Anleitung und Moderation können die Teilnehmer lernen, wie sie in spezifischen Situationen deeskalierend eingreifen können. Dabei können Szenarien, die auf realen Erfahrungen basieren, nachgestellt werden, um die Relevanz und Anwendbarkeit der erlernten Techniken zu erhöhen. Die simulierten Konflikte bieten einen sicheren Raum, in dem Fehler gemacht und daraus gelernt werden kann, ohne dass echte Konsequenzen zu befürchten sind.

Ein zentraler Bestandteil der Rollenspiele ist die anschließende Reflexion. Diese Reflexion ist entscheidend, um die gemachten Erfahrungen zu verarbeiten und um konstruktives Feedback zu geben. In der Reflexionsrunde können die Teilnehmer ihre

Empfindungen und Eindrücke schildern, was zu einem tieferen Verständnis der eigenen Reaktionen und der der anderen führt. Diese Reflexion ist ein zentraler Bestandteil des systemischen Gewaltschutztrainings, wie bereits in Kapitel 8 behandelt. Sie fördert nicht nur das individuelle Lernen, sondern auch den Austausch in der Gruppe, was wiederum den Zusammenhalt stärkt.

Durch die Möglichkeit, verschiedene Rollen auszuprobieren, entwickeln die Teilnehmer ein besseres Gespür dafür, wie sie in ähnlichen realen Konfliktsituationen reagieren können. Sie lernen, empathisch zu sein und Perspektiven zu wechseln, was ihre Fähigkeit zur Deeskalation erheblich verbessert. Die Rollenspiele bieten somit nicht nur eine praktische Übung, sondern auch eine wertvolle Gelegenheit zur persönlichen und sozialen Entwicklung.

Praktische Übungen

Neben Rollenspielen sind praktische Übungen ein effektives Mittel, um spezifische Kommunikationsstrategien zu trainieren. In diesen Übungen können gezielte Techniken wie aktives Zuhören oder das Formulieren von Ich-Botschaften geübt werden. Aktives Zuhören fördert das Verständnis und die Empathie im Gespräch und hilft den Teilnehmern, sich in die Lage des anderen zu versetzen. Das Formulieren von Ich-Botschaften wiederum ermöglicht es den Teilnehmern, ihre eigenen Gefühle und Bedürfnisse klar und respektvoll auszudrücken, ohne den anderen anzugreifen.

Diese praktischen Übungen stärken das Selbstbewusstsein der Teilnehmer im Umgang mit Konflikten. Indem sie in simulierten Situationen üben, gewinnen sie Sicherheit und Routine, die sie in realen Konfliktsituationen anwenden können. Zudem können diese Übungen in Gruppen durchgeführt werden, was nicht nur das individuelle Lernen fördert, sondern auch den Teamgeist stärkt und ein unterstützendes Netzwerk innerhalb der Gruppe schafft.

Durch das gemeinsame Üben wird ein Gefühl der Zugehörigkeit und des gegenseitigen Vertrauens aufgebaut, was in stressigen Situationen von unschätzbarem Wert ist. Die Teilnehmer lernen, dass sie nicht allein sind und dass Unterstützung und Verständnis von ihren Mitmenschen kommen können. Dies trägt dazu bei, ein respektvolles und unterstützendes Umfeld zu schaffen, in dem Konflikte konstruktiv angegangen werden können.

Indem die Teilnehmer diese Techniken in einem geschützten Raum ausprobieren, entwickeln sie ein besseres Gespür dafür, wie sie in realen

Konfliktsituationen reagieren können. Diese Erfahrungen sind entscheidend, um ein effektives Mobbingmanagement zu unterstützen und ein respektvolles, unterstützendes Umfeld zu gestalten. Sie tragen dazu bei, eine Kultur des respektvollen Miteinanders zu fördern, in der Deeskalation nicht nur ein Technikkatalog, sondern eine lebendige Praxis ist.

Zusammenfassend lässt sich sagen, dass Deeskalationstechniken ein essenzieller Bestandteil der Konfliktbewältigung sind. Ihre Bedeutung erstreckt sich über verschiedene Lebensbereiche, sei es im beruflichen Kontext, in sozialen Beziehungen oder im familiären Umfeld. Durch ein tiefgreifendes Verständnis der Eskalationsstufen können die Beteiligten frühzeitig erkennen, wann ein Konflikt droht, sich zuzuspitzen. Diese Einsicht ist der erste Schritt, um aktiv und bewusst gegensteuern zu können, bevor die Situation außer Kontrolle gerät.

Der gezielte Einsatz von Kommunikationsstrategien ist ein weiterer zentraler Aspekt der Deeskalation. Durch Techniken wie aktives Zuhören, das Formulieren von Ich-Botschaften und empathisches Feedback lernen die Beteiligten, ihre Gedanken und Gefühle klar und respektvoll zu kommunizieren. Diese Fähigkeiten sind entscheidend, um Missverständnisse zu vermeiden und die emotionalen Bedürfnisse aller Beteiligten zu berücksichtigen. Eine offene und respektvolle Kommunikation trägt dazu bei, Spannungen abzubauen und eine Atmosphäre des Vertrauens zu schaffen, in der Konflikte konstruktiv gelöst werden können.

Die Anwendung praktischer Übungen, wie Rollenspiele und Simulationen, ermöglicht es den Teilnehmern, die erlernten Techniken in einem geschützten Rahmen auszuprobieren. Diese Übungen fördern nicht nur das individuelle Lernen, sondern stärken auch den Teamgeist und die Zusammenarbeit innerhalb einer Gruppe. Indem die Teilnehmer in diesen Übungen verschiedene Perspektiven einnehmen, entwickeln sie ein besseres Verständnis für die Dynamik von Konflikten und die Auswirkungen ihres eigenen Verhaltens. Dies führt zu einer erhöhten Sensibilität im Umgang mit anderen und zur Entwicklung von Empathie, die in Konfliktsituationen von unschätzbarem Wert ist.

Die in diesem Kapitel behandelten Techniken und Strategien sind daher nicht nur von Bedeutung für den direkten Umgang mit Konflikten, sondern sie tragen auch zur allgemeinen Förderung eines respektvollen und empathischen Miteinanders bei. Sie schaffen die Grundlage für ein harmonisches Zusammenleben, das auf gegenseitigem Verständnis und

Wertschätzung basiert. Die Wichtigkeit der einzelnen Begriffe und Konzepte erkennt man daran, dass ich diese in den verschiedenen Kapiteln immer wieder anspreche. Diese Wiederholung ist kein Zufall, sondern eine bewusste Entscheidung, um die zentralen Ideen zu festigen und zu vertiefen. Es ist daher verständlich, wenn Sie das Gefühl haben, dass sich einige Punkte wiederholen. Diese Wiederholungen dienen jedoch dazu, das Bewusstsein für die Relevanz der Deeskalationstechniken zu schärfen und deren Anwendung im Alltag zu verankern.

Insgesamt ist es das Ziel, nicht nur effektive Konfliktlösungsstrategien zu vermitteln, sondern auch eine Kultur des respektvollen Miteinanders zu fördern, in der Deeskalation nicht nur als Technik, sondern als Einstellung und Lebensweise verstanden wird. Indem wir Deeskalationstechniken in unseren Alltag integrieren, schaffen wir die Grundlage für ein harmonisches und respektvolles Miteinander, das nicht nur Konflikte vermeidet, sondern auch das Zusammenleben bereichert.

Kapitel 11: Praktische Anwendung des Trainings

1. Durchführung des Trainings

Die Durchführung eines systematischen Gewaltschutztrainings erfordert sorgfältige Planung und Anpassung an die Bedürfnisse der Teilnehmer. Es ist wichtig, dass das Training nicht nur theoretische Inhalte vermittelt, sondern auch praxisnahe Übungen und Techniken beinhaltet, die den Teilnehmern helfen, das Gelernte in ihrem Alltag anzuwenden. Die Trainingsmethoden sollten vielfältig und interaktiv gestaltet sein, um das Engagement der Teilnehmer zu fördern und eine positive Lernumgebung zu schaffen.

Zu Beginn des Trainings sollte der Trainer die Ziele und Inhalte klar kommunizieren. Die Teilnehmer müssen verstehen, welche Kompetenzen sie erwerben und wie diese in ihrem täglichen Leben angewendet werden können. Der Einsatz von Eisbrechern und Warm-up-Übungen ist entscheidend, um eine entspannte Atmosphäre zu schaffen und die Teilnehmer miteinander vertraut zu machen. Diese Aktivitäten stärken den Teamgeist und fördern die Interaktion, was für das gesamte Training von Vorteil ist.

2. Planung und Organisation

Eine sorgfältige Planung und Organisation sind unerlässlich, um ein effektives Training zu gewährleisten. Der Trainer sollte im Vorfeld die Zielgruppe, die spezifischen Bedürfnisse und die Rahmenbedingungen des Trainings analysieren. Dies umfasst die Bestimmung der Gruppengröße, der verfügbaren Ressourcen und der zeitlichen Rahmenbedingungen. Eine klare Agenda hilft dabei, die Struktur des Trainings festzulegen und sicherzustellen, dass alle relevanten Themen behandelt werden.

Darüber hinaus ist es wichtig, geeignete Materialien und Hilfsmittel bereitzustellen, die den Lernprozess unterstützen. Dazu gehören Präsentationen, Arbeitsblätter, Videos und andere Ressourcen, die die Inhalte anschaulich vermitteln. Die Auswahl der Methoden sollte abwechslungsreich sein, um unterschiedlichen Lernstilen gerecht zu werden.

3. Umgang mit schwierigen Teilnehmern

Der Umgang mit schwierigen Teilnehmern ist eine Herausforderung, die im Rahmen des Trainings auftreten kann. Einige Teilnehmer könnten zögerlich oder unmotiviert sein, während andere möglicherweise aggressiv oder störend wirken. In solchen Fällen ist es wichtig, dass der Trainer über geeignete Strategien verfügt, um auf diese Verhaltensweisen angemessen zu reagieren.

Eine Möglichkeit, mit schwierigen Teilnehmern umzugehen, besteht darin, aktiv zuzuhören und deren Anliegen ernst zu nehmen. Oftmals resultieren disruptive Verhaltensweisen aus Frustration oder Unverständnis. Der Trainer sollte versuchen, die Gründe für das Verhalten zu identifizieren und gegebenenfalls individuelle Gespräche anzubieten, um Missverständnisse auszuräumen und Unterstützung zu bieten.

4. Interkulturelle Aspekte im Training

Interkulturelle Aspekte spielen eine zentrale Rolle in einem systematischen Gewaltschutztraining. In einer zunehmend globalisierten Welt begegnen Trainer und Teilnehmer oft unterschiedlichen kulturellen Hintergründen, Werten und Normen. Es ist wichtig, dass der Trainer ein Bewusstsein für diese Unterschiede entwickelt und die Inhalte entsprechend anpasst.

Kulturelle Sensibilität sollte in das Training integriert werden, um sicherzustellen, dass alle Teilnehmer sich respektiert und wertgeschätzt fühlen. Der Trainer kann interaktive Übungen einführen, die den

Austausch über kulturelle Unterschiede fördern und das Verständnis für verschiedene Perspektiven stärken. Es ist entscheidend, eine Umgebung zu schaffen, in der alle Teilnehmer offen über ihre Erfahrungen sprechen können, ohne Angst vor Vorurteilen oder Diskriminierung zu haben.

5. Zusammenarbeit mit Schulen und Institutionen

Die Zusammenarbeit mit Schulen und anderen Institutionen ist entscheidend für die erfolgreiche Implementierung von Gewaltschutztrainings. Schulen sind oft die ersten Orte, an denen Gewalt und Mobbing auftreten, und daher ist es wichtig, eine enge Kooperation zwischen Trainern, Lehrern, Schülern und Eltern zu fördern.

Ein effektiver Ansatz könnte die Entwicklung von Schulprogrammen umfassen, die Gewaltprävention und Konfliktlösung als Teil des Lehrplans integrieren. Workshops und Informationsveranstaltungen für Lehrer und Eltern können ebenfalls dazu beitragen, das Bewusstsein für die Bedeutung von gewaltfreiem Verhalten zu schärfen und die Unterstützung für die Teilnehmer zu stärken. Ein kontinuierlicher Austausch zwischen Trainern und Schulen fördert die Nachhaltigkeit der Maßnahmen und stellt sicher, dass die erlernten Fähigkeiten langfristig angewendet werden.

Fazit

Die praktische Anwendung des Trainings im Bereich systematischer Gewaltschutz ist von entscheidender Bedeutung, um das Gelernte in das tägliche Leben der Teilnehmer zu integrieren. Die sorgfältige Planung und Organisation, der Umgang mit schwierigen Teilnehmern, die Berücksichtigung interkultureller Aspekte sowie die Zusammenarbeit mit Schulen und Institutionen sind zentrale Elemente, die den Erfolg des Trainings maßgeblich beeinflussen. Ein gut strukturiertes und interaktives Training kann dazu beitragen, gewaltfreies Verhalten zu fördern und ein respektvolles Miteinander zu schaffen.

Kapitel 12: Berufliche Perspektiven

Die Rolle eines systemischen Gewaltschutztrainers bietet vielfältige berufliche Perspektiven, insbesondere im Kontext der Freiberuflichkeit. Dieses Kapitel beleuchtet die Möglichkeiten der Freiberuflichkeit im Bereich Gewaltschutztraining, die Bedeutung von Sichtbarkeit und Werbung sowie den Aufbau von Netzwerken und Kooperationen, um die beruflichen Chancen und Wirkung zu maximieren.

Freiberuflichkeit im Bereich Gewaltschutztraining

Die Freiberuflichkeit im Bereich des Gewaltschutztrainings eröffnet eine Vielzahl von Möglichkeiten, sowohl in der Gestaltung der eigenen beruflichen Laufbahn als auch in der Art und Weise, wie man seine Dienste anbietet. Als freiberuflicher Gewaltschutztrainer hat man die Flexibilität, eigene Schwerpunkte zu setzen, spezifische Zielgruppen anzusprechen und maßgeschneiderte Trainingsprogramme zu entwickeln.

Vorteile der Freiberuflichkeit:

- **Flexibilität:** Freiberufler können ihre Arbeitszeiten und -orte selbst bestimmen, was eine bessere Work-Life-Balance ermöglicht.

- **Individualität:** Trainer können ihre eigenen Methoden und Ansätze entwickeln, die ihren persönlichen Stärken und ihrer Fachkompetenz entsprechen.

- **Vielfältige Zielgruppen:** Freiberufler können verschiedene Zielgruppen ansprechen, von Schulen über Unternehmen bis hin zu sozialen Einrichtungen und gemeinnützigen Organisationen.

Herausforderungen der Freiberuflichkeit:

- **Unsicherheiten:** Die finanzielle Unsicherheit kann eine Herausforderung darstellen, insbesondere in der Anfangsphase. Es kann Zeit in Anspruch nehmen, ein stabiles Kundenportfolio aufzubauen.

- **Selbstvermarktung:** Freiberufler sind oft selbst für ihre Werbung und Sichtbarkeit verantwortlich, was zusätzliche Kompetenzen im Marketing und in der Öffentlichkeitsarbeit erfordert.

- **Administrative Aufgaben:** Neben der Trainingsarbeit fallen auch administrative Aufgaben an, wie Buchhaltung, Vertragsmanagement und Kundenakquise, die ebenfalls Zeit und Ressourcen beanspruchen.

Sichtbarkeit und Werbung

Eine erfolgreiche Selbstständigkeit als Gewaltschutztrainer erfordert eine ausgeklügelte Strategie zur Sichtbarkeit und Werbung. Die eigene Marke zu etablieren und sich in der Branche bekannt zu machen, ist entscheidend, um potenzielle Klienten zu erreichen und zu überzeugen.

Strategien zur Steigerung der Sichtbarkeit:

- **Online-Präsenz:** Eine professionelle Website ist unerlässlich. Sie sollte Informationen über die angebotenen Trainings, Qualifikationen, Referenzen und Kontaktmöglichkeiten enthalten. Zudem kann ein Blog oder ein Newsletter interessante Inhalte bieten, die das Fachwissen demonstrieren und die Zielgruppe ansprechen.

- **Soziale Medien:** Plattformen wie LinkedIn, Facebook oder Instagram bieten hervorragende Möglichkeiten, um mit der Zielgruppe zu interagieren, Inhalte zu teilen und Veranstaltungen zu promoten. Regelmäßige Posts über relevante Themen, Erfolge und Veranstaltungen können das Interesse an den eigenen Dienstleistungen wecken.

- **Suchmaschinenoptimierung (SEO):** Durch gezielte SEO-Strategien können freiberufliche Trainer sicherstellen, dass ihre Website in den Suchergebnissen höher eingestuft wird, wodurch mehr potenzielle Klienten auf ihre Angebote aufmerksam werden.

Werbung und Marketing:

- **Zielgerichtete Werbung:** Online-Anzeigen, die auf spezifische Zielgruppen ausgerichtet sind (z.B. soziale Einrichtungen, Unternehmen oder Schulen), können effektive Wege sein, um neue Klienten zu gewinnen.

- **Referenzen und Testimonials:** Positive Rückmeldungen von früheren Teilnehmern oder Institutionen können als wertvolle Werbung dienen. Diese sollten auf der Website und in Broschüren gut sichtbar platziert werden.

- **Teilnahme an Fachkonferenzen und Messen:** Präsenz auf relevanten Veranstaltungen ermöglicht es, das eigene Netzwerk auszubauen, potenzielle Klienten zu gewinnen und als Experte in der Branche wahrgenommen zu werden.

12.3 Netzwerke und Kooperationen

Der Aufbau von Netzwerken und Kooperationen ist ein wichtiger Aspekt für den Erfolg als freiberuflicher Gewaltschutztrainer. Durch die Zusammenarbeit mit anderen Fachleuten und Organisationen kann die Reichweite erhöht und die Qualität der angebotenen Dienstleistungen verbessert werden.

Bedeutung von Netzwerken:

- **Wissenstransfer:** Der Austausch mit anderen Trainern, Therapeuten oder Fachleuten im Bereich Gewaltschutz ermöglicht es, neue Methoden und Ansätze kennenzulernen und die eigene Praxis zu bereichern.

- **Empfehlungen:** Ein starkes Netzwerk kann zu Empfehlungen führen, die entscheidend für den Aufbau einer Klientel sind. Wenn andere Fachleute Vertrauenswürdigkeit und Qualität vermitteln, sind Klienten eher bereit, die Dienste eines neuen Trainers in Anspruch zu nehmen.

Kooperationen:

- **Partnerschaften mit Organisationen:** Kooperationen mit sozialen Einrichtungen, Schulen, Unternehmen oder

NGOs ermöglichen es, Trainingsprogramme in deren Rahmen anzubieten. Dies kann auch die Finanzierung von Programmen erleichtern.

- **Interdisziplinäre Zusammenarbeit:** Die Zusammenarbeit mit anderen Fachbereichen, wie Psychologie, Soziologie oder Rechtswissenschaften, kann die eigene Expertise erweitern und neue Perspektiven auf das Thema Gewaltschutz eröffnen.

- **Gemeinsame Veranstaltungen:** Die Organisation von Workshops, Seminaren oder Informationsveranstaltungen in Zusammenarbeit mit anderen Fachleuten kann nicht nur die Reichweite erhöhen, sondern auch das eigene Fachwissen unter Beweis stellen.

Fazit

Die beruflichen Perspektiven als freiberuflicher systemischer Gewaltschutztrainer sind vielschichtig und bieten zahlreiche Möglichkeiten zur persönlichen und beruflichen Entfaltung. Durch die gezielte Arbeit an Sichtbarkeit, Werbung und den Aufbau von Netzwerken und Kooperationen können Trainer ihre Reichweite maximieren und einen nachhaltigen Einfluss im Bereich des Gewaltschutzes ausüben.

Letztlich ist die Kombination aus Fachkompetenz, unternehmerischem Denken und einem starken Netzwerk der Schlüssel zum Erfolg in dieser wichtigen und erfüllenden Profession.

Anhang

Glossar wichtiger Begriffe

- **Gewalt:** Jede absichtliche Handlung, die darauf abzielt, einer Person körperlichen oder psychischen Schaden zuzufügen. Dies umfasst physische, psychische und verbale Gewalt.

- **Mobbing:** Wiederholtes, systematisches Verhalten, das darauf abzielt, eine Person zu schikanieren, zu belästigen oder herabzuwürdigen. Es kann in Form von verbalen, physischen oder sozialen Übergriffen auftreten.

- **Prävention:** Maßnahmen zur Verhinderung von Gewalt und Konflikten, die auf individueller, gesellschaftlicher und institutioneller Ebene umgesetzt werden können.

- **Deeskalation:** Techniken und Strategien, die darauf abzielen, Spannungen und Konflikte zu verringern, um einen gewaltfreien Dialog zu ermöglichen.

- **Empathie:** Die Fähigkeit, die Gefühle und Perspektiven anderer zu verstehen und nachzuvollziehen. Empathie ist entscheidend für die Förderung von respektvollen zwischenmenschlichen Beziehungen.

- **Resilienz:** Die Fähigkeit, mit Stress und Herausforderungen umzugehen und sich von Rückschlägen zu erholen. Resilienz ist wichtig für die persönliche Entwicklung und die Fähigkeit, Konflikte konstruktiv zu bewältigen.

- **Systemische Perspektive:** Ein Ansatz, der Probleme im Kontext ihrer sozialen, emotionalen und kulturellen Umfelder betrachtet, um die Wechselwirkungen zwischen Individuen und ihren sozialen Systemen zu verstehen.

- **Physische Gewalt:** Eine Form der Gewalt, die durch körperliche Aggressionen gekennzeichnet ist, wie Schläge, Tritte oder andere Handlungen, die physische Schäden verursachen können.

- **Psychische Gewalt:** Handlungen, die das emotionale und psychologische Wohlbefinden einer Person beeinträchtigen, wie Drohungen, Einschüchterungen oder emotionale Manipulation.

- **Verbale Gewalt:** Der Einsatz von verletzenden, erniedrigenden oder bedrohlichen Worten, um einer Person Schaden zuzufügen. Dies kann Beleidigungen, Schimpfwörter oder herabwürdigende Kommentare umfassen.

- **Macht und Kontrolle**: Konzepte, die die Dynamik zwischen Individuen in sozialen Beziehungen beschreiben. Gewalt wird oft als Mittel zur Ausübung von Macht über andere betrachtet, wobei hierarchische Strukturen eine Rolle spielen.

- **Soziale Normen und Werte**: Kulturelle und gesellschaftliche Standards, die das Verhalten und die Einstellungen von Individuen in einer Gemeinschaft beeinflussen. Diese Normen können Gewalt legitimieren oder ablehnen.

- **Trauma**: Eine emotionale Reaktion auf ein schockierendes oder belastendes Ereignis, das zu langfristigen psychischen und emotionalen Problemen führen kann.

- **Soziale Isolation**: Der Zustand, in dem eine Person von sozialen Kontakten und Unterstützungssystemen abgeschnitten ist, was zu einem erhöhten Risiko für psychische Probleme und aggressive Verhaltensweisen führen kann.

- **Soziale Unterstützung**: Die Hilfe und den Beistand, den Einzelne von Familie, Freunden oder Gemeinschaften erhalten, um emotionale und praktische Herausforderungen zu bewältigen.

- **Konflikt**: Eine Auseinandersetzung zwischen zwei oder mehr Parteien, die unterschiedliche Interessen, Bedürfnisse oder Werte haben, die nicht miteinander vereinbar sind.

- **Aggression**: Verhalten, das darauf abzielt, einer anderen Person oder Gruppe Schaden zuzufügen. Aggression kann physischer, verbaler oder psychologischer Natur sein.

- **Intervention**: Maßnahmen, die ergriffen werden, um auf eine gewaltsame oder konfliktbeladene Situation zu reagieren, um diese zu deeskalieren oder zu lösen.

- **Aktives Zuhören**: Eine Kommunikationsmethode, bei der der Zuhörer sich voll auf den Sprecher konzentriert, um dessen Botschaft vollständig zu verstehen und zu reflektieren.

- **Ruhige Sprache**: Der Einsatz von sanften, respektvollen und nicht konfrontativen Worten, um Spannungen zu reduzieren und einen konstruktiven Dialog zu fördern.

- **Konfliktmediation**: Ein Verfahren, bei dem ein neutraler Dritter (Mediator) den Konfliktparteien hilft, ihre Differenzen zu klären und zu einer einvernehmlichen Lösung zu gelangen.

- **Nachsorge**: Unterstützungsmaßnahmen, die nach einem Vorfall von Gewalt oder Konflikten ergriffen werden, um den Betroffenen zu helfen, die Erfahrung zu verarbeiten und zukünftige Vorfälle zu verhindern.

- **Erziehungsstile**: Verschiedene Ansätze, die Eltern oder Bezugspersonen verwenden, um das Verhalten und die Entwicklung ihrer Kinder zu beeinflussen, einschließlich autoritärer, permissiver und autoritativer Stile.

- **Transparente Kommunikation**: Offenheit und Klarheit in der Kommunikation, die es den Beteiligten ermöglicht, Informationen und Gefühle ohne Missverständnisse auszutauschen.

- **Respekt**: Die Anerkennung der Würde und der Rechte anderer Menschen, was eine grundlegende Voraussetzung für gewaltfreie Beziehungen ist.

- **Zielorientierung**: Der Fokus auf spezifische Ziele und Ergebnisse in der Konfliktlösung, um konstruktive Fortschritte zu erzielen.

- **Konsequenzen**: Die Ergebnisse oder Folgen eines Verhaltens, die sowohl positive als auch negative Auswirkungen auf Individuen oder Gruppen haben können.

- **Drohung**: Eine Aussage oder Handlung, die darauf abzielt, Angst oder Furcht zu erzeugen, um Kontrolle oder Einfluss auf eine andere Person auszuüben.

- **Konfliktbewältigungsstrategien**: Methoden und Techniken, die Individuen erlernen, um Konflikte konstruktiv zu lösen und gewalttätige Auseinandersetzungen zu vermeiden.

- **Reflexion**: Der Prozess, über eigene Gedanken, Gefühle und Verhaltensweisen nachzudenken, um ein besseres Verständnis für sich selbst und die eigenen Handlungen zu entwickeln.

- **Peer-Coaching**: Ein Ansatz, bei dem Gleichaltrige sich gegenseitig unterstützen und beraten, um Fähigkeiten zu entwickeln und persönliche Herausforderungen zu bewältigen.

- **Innere Ruhe**: Ein Zustand der Gelassenheit und des inneren Friedens, der es Individuen ermöglicht, in stressigen Situationen ruhig und besonnen zu bleiben.

- **Achtsamkeit**: Die Praxis, im gegenwärtigen Moment präsent zu sein und Gedanken und Gefühle ohne Urteil zu beobachten, was zur emotionalen Stabilität und Selbstregulation beiträgt.

- **Emotionale Balance**: Der Zustand, in dem Individuen ihre Emotionen auf gesunde Weise regulieren können, um ein angemessenes emotionales Wohlbefinden zu fördern.

- **No-Blame-Approach**: Ein Ansatz, der darauf abzielt, Konflikte zu lösen, ohne Schuldzuweisungen vorzunehmen. Stattdessen wird der Fokus auf die gemeinsamen Verantwortlichkeiten und Lösungen gelegt.

Literaturverzeichnis

1. Satir, Virginia. (2002). *The New Peoplemaking.* Mountain View, CA: Science and Behavior Books.

2. Rosenberg, Marshall B. (2003). *Gewaltfreie Kommunikation: Eine Sprache des Lebens.* Paderborn: Junfermann.

3. Olweus, Dan. (1993). *Bullying at School: What We Know and What We Can Do.* Oxford: Blackwell.

4. Rigby, Ken. (2002). *New Perspectives on Bullying.* London: Jessica Kingsley Publishers.

5. Krappmann, Lothar. (2003). *Identität und soziale Interaktion.* In: K. W. H. Stangl (Hrsg.), *Soziale Interaktion: Eine Einführung in die Soziologie.* Stuttgart: UTB.

6. Rüppel, Andreas. (2014). *Konfliktmanagement und Mediation: Ein Handbuch für die Praxis.* Wiesbaden: Springer VS.

7. Fischer, Klaus. (2015). *Gewaltprävention in der Schule: Ein Handbuch für Lehrer und Erzieher.* Berlin: Cornelsen Verlag.

Danksagung

Mein besonderer Dank gebührt allen, die zur Entstehung dieses Buches beigetragen haben. Zunächst möchte ich den Fachkräften im Bereich der Gewaltprävention und Konfliktbewältigung danken, die ihr Wissen und ihre Erfahrungen mit mir geteilt haben. Ihre Einsichten und Anregungen waren von unschätzbarem Wert für die Entwicklung der Inhalte.

Ein großer Dank geht auch an die Teilnehmer der Trainings, die sich mutig den Themen Gewalt und Konfliktbewältigung gestellt haben. Ihr Engagement und Ihre Offenheit haben nicht nur das Training bereichert, sondern auch mir die Möglichkeit gegeben, aus erster Hand zu lernen, wie wichtig es ist, gewaltfreie Lösungen zu fördern.

Ich möchte auch den vielen Autoren und Forschern danken, deren Arbeiten als Grundlage für dieses Buch dienten. Ihr Beitrag zur Wissenschaft und Praxis der Gewaltprävention ist inspirierend und anregend.

Abschließend danke ich meiner Familie und meinen Freunden für ihre unermüdliche Unterstützung und Geduld während des Schreibprozesses. Euer Vertrauen in mich hat mich motiviert und mir die Kraft gegeben, dieses Projekt erfolgreich abzuschließen.

Index

- **Blindes Vertrauen**: Eine Übung, bei der ein Teilnehmer mit einer Augenbinde geführt wird, um Vertrauen und Kommunikation zu fördern.

- **Deeskalation**: Techniken und Strategien, die darauf abzielen, Spannungen und Konflikte zu verringern.

- **Empathie**: Die Fähigkeit, die Gefühle und Perspektiven anderer zu verstehen und nachzuvollziehen.

- **Energizer**: Kurze, aktive Übungen, die die Teilnehmer motivieren und die Gruppendynamik stärken.

- **Gewalt**: Jede absichtliche Handlung, die darauf abzielt, einer Person körperlichen oder psychischen Schaden zuzufügen.

- **Gewaltprävention**: Maßnahmen zur Verhinderung von Gewalt und Konflikten auf individueller, gesellschaftlicher und institutioneller Ebene.

- **Ich-Botschaften**: Eine Kommunikationsmethode, die es ermöglicht, Gefühle klar und respektvoll auszudrücken, ohne den anderen anzugreifen.

- **Intervention**: Maßnahmen, die ergriffen werden, um auf eine gewaltsame oder konfliktbeladene Situation zu reagieren.

- **Kognitive Faktoren**: Aspekte, die das Verhalten von Individuen im Unterricht beeinflussen, wie Lernschwierigkeiten und Motivation.

- **Mobbing**: Wiederholtes, absichtliches Verhalten, das darauf abzielt, eine Person zu schikanieren oder herabzuwürdigen.

- **No-Blame-Approach (NBA)**: Ein Ansatz, der die Verantwortung für Mobbingverhalten nicht ausschließlich auf die Täter schiebt, sondern das gesamte soziale System betrachtet.

- **Prävention**: Maßnahmen zur Verhinderung von Gewalt und Konflikten.

- **Psychische Gewalt**: Handlungen, die das emotionale und psychologische Wohlbefinden einer Person beeinträchtigen.

- **Resilienz**: Die Fähigkeit, mit Stress und Herausforderungen umzugehen und sich von Rückschlägen zu erholen.

- **Ruhige Kommunikation**: Eine Kommunikationsweise, die darauf abzielt, Spannungen zu reduzieren und einen respektvollen Dialog zu fördern.

- **Schutzfaktoren**: Bedingungen oder Eigenschaften, die das Risiko für gewalttätiges Verhalten verringern.

- **Soziale Normen und Werte**: Kulturelle Standards, die das Verhalten und die Einstellungen von Individuen beeinflussen.

- **Transparente Kommunikation**: Offene und klare Kommunikation, die es den Beteiligten ermöglicht, Informationen und Gefühle ohne Missverständnisse auszutauschen.

- **Verhaltensrichtlinien**: Regeln, die den Umgang miteinander in einer Gruppe regeln.

- **Vertrauens- und Kooperationsübungen**: Aktivitäten, die darauf abzielen, Vertrauen aufzubauen und die Zusammenarbeit innerhalb einer Gruppe zu fördern.

- **Widerstand gegen Veränderung**: Die Neigung, an gewohnten Verhaltensweisen festzuhalten und Veränderungen abzulehnen.

- **Zielorientierung**: Der Fokus auf spezifische Ziele in der Konfliktlösung, um konstruktive Fortschritte zu erzielen.